THE VOICE OF

(La Voz del Baile)

dance

90-days of movement, meaning & adventure

Callie Rich

THE VOICE OF

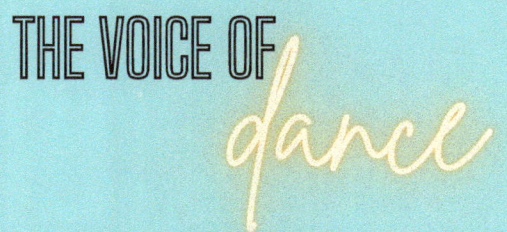

90-days of movement, meaning & adventure

is a work of my own creation.

ISBN - 978-1-961185-74-6

Cover Design by Dani hART & megs thompson

Book Design, Formatting & Layout by megs thompson - megswrites llc - www.megswrites.com

in omnia paratus publishing

www.inomniaparatuspublishing.com

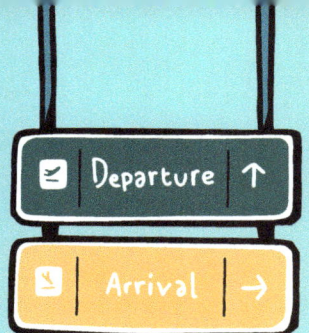

introduction

No matter where in the world I land, a piece of my heart will always be in Colombia.

For three months, Medellín was my home. Anytime I hear people gather and talk about their homes in Latin America, I happily chime in with my own stories of my time in Colombia. With this creation, I invite you to join that conversation, to experience a piece of my heart and some of what I love so much about the people, the food, the music, and the DANCING.

Dance creates connection, it causes reflection, and it nourishes community. It's also been my source of health, wellness, prosperity, and emotional expression. Dance has served as my voice for decades, allowing me to comfortably and confidently share stories with others through choreographed movements.

Most days, while I was in Colombia, I used the meager Spanish that I knew to write and keep a journal, in hopes that I could somehow share my story and experience to inspire growth, communication, and adventure in the lives of others.

What you'll find here is my best effort to communicate in Spanish, a language I haven't yet mastered, but have loved since I was a child, the enjoyment and excitement of my days in Medellín. Learning Spanish has allowed me to comfort people, conduct business, support students and their families, and travel with my family. I love it!

Don't worry if you aren't a Spanish speaker though, I've included a short summary on each page in English, along with a few beautiful photos from my trip. I've held onto them just for you! Who knows, maybe through exploring my adventures, you'll pick up a little Spanish too!

Another amazing project that directly resulted from my time in Colombia was a documentary film, 'The Voice of Dance' (yes, the documentary shares a name with this book – are you beginning to see a theme here?). In creating the documentary, I set out to capture on film how dance can be used for healing and to create community; it was amazing to experience firsthand how dance is expressed through the voices of others, especially people I was meeting for the very first time.

On the following pages, I've also sprinkled in links to access a few uniquely powerful episodes of my podcast, 'Shaping a Life You Love,' which documents specific steps within my own journey, beginning when I realized that I desired to expand my impact in the world, the actions I've taken to move in that direction, better recognizing what I truly want in life, and countless interviews from inspirational people who've supported and inspired me along the way.

Throughout this book, my prayer is that you'll feel inspired to begin your own 90-day journey and take the steps necessary to shape a life you love, that looks just how you want it to.

If you desire additional support, accountability, and guidance along the way, scan the QR code below and check out the various opportunities available for working with me, as well as to stay in the loop about all upcoming events, retreats, and workshops. You'll also be able to connect with me there via Facebook, Instagram, YouTube, and email.

Travel is magical, people are magical, dance is magical, so let's get movin'!

♡ Callie
'JoJo'

Check out *'Leap of Faith'* on the *Shaping a Life You Love* Podcast

Hola !!

Este es mi diario por recordar el viaje de estudiar.

Yo quiero improvar mi español y estudio el impacto de las artes en el comunidad y en el país

En el primer día una persona que es el amiga del profesor me recojó del aeropuerto y el es muy amable.

El hotel fue muy bonita y la comida fue delicioso!!

Mi tarjeta no trabajo los dineros per yo tuve un otro día por recibé dinero.

Day 1

*This is my **diary**, so I have a record of my studies in Colombia! On day one I stayed in a beautiful hotel. My goal was to find a bank where I could use my **card** to get Colombian dollars!*

Wow!

En esta día yo necesité ir al otro banco para dinero porque necesité pagar un taxi. En realidad, yo pudí usar Uber!!

Entonces yo no se donde fue por dos o tres horas. Yo caminé con confienca y pregunté a las personas "Donde está el hotel."

Los calles son confundidos!!

Pero, esta bien yo you tengo mi apartamento

.find =

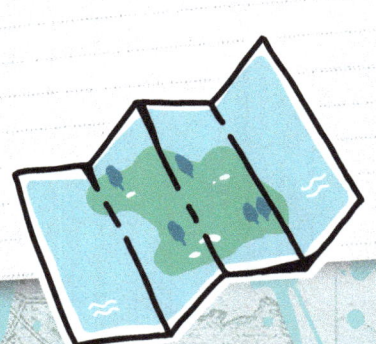

*I totally got lost for two or three hours trying to get back to my hotel. I just walked with confidence and kept asking **questions** to help me get through the confusing streets.*

Día Tres!!

En el día tres, you tomé un descansar. Tengo uno restaurante a mi me gusta y como desayuna, almuerza, y cena allá. Los personas me da información sobre comida y la ciudad. Y, el otro lugar a mi me gusta es la panadería!! Yo tuve pan dulce y una café - delicioso!

Yo escrbí mas preguntas por planar mi documental sobre los artes en Colombia. También, una autos de un periodico da me un email para intrevista!!

Arts as Medicine: Healing Self & community in school & Community

Questions: How did school or other training empower you in the performance process of in life?

1) Can you earn a living only is working in arts? If not what other work do you do?

2) Do families support careers in the ar__

3) Did you take dance, music or theater or f__ in school? Was it by choice or a require__

4) How does it make you feel to express yo__ through the arts? Alone or with others?

2) Do you want to have a career in arts? Why?

3) Who is your favorite artist?

4) What type of performing art do __
-voz/cantar, tocar __ intruments, baila__

3) Do you perform now? Do people __
you to perform as a profession? How do you fin__

Day Three! On day three, I took time to rest. I ate at the same restaurant for breakfast, lunch and dinner and got more information about other places to eat. The other place I love is the **bakery**. I wrote many questions for the documentary.

Cuatro!

Hoy yo visité la Universidad.
Tuve un tour, hablar con
las personas y plan
las actividades social.

Yo reunir con profesores
sobre el Fulbright y
que necesito para estudiar.

Es la oportunidad de mi
vida, entonces yo tengo
muchos gractitud.

*Four! Today I visited the **university**. I had a tour and spoke with people to plan social activities during my stay. It is the **opportunity** of my life, so I have much gratitude.*

Cinco -

En Sabado, las personas
que viven cerca de mi
quieron un fiesta o un
otro cosa!! Yo fui
enojado, pero vivo en
la barrio cerca de la
universidad, entoces
el fin de semana esta
loco!!

Yo estuve nerviosa sobre
el Domingo, porque yo no
se si las tiendas eran
abierto o no. Entonces
yo iba a la tienda
"Exito". Y compré avenas
las bolsas de la basura
y el té. Me gusta bebo el
té todos los dias!!

On **Saturday** the people who
live near me are having a party
or something else. I am so mad,
but I live near the university and
it's the **weekend**. I am nervous
about Sunday because I don't
know if the stores are open, so I
am going to buy oatmeal, trash
bags and tea. I drink tea every
day.

Seis

Pues. Mé panadría no fue abierto, pero una otra panadaría, sí. Ya compré dos postres por que you sabé que yo necesito un snack el lunes.

También, yo compré dos almuerzas por el día!! Necesito planar y estudias y descansar y no quiero yir al otro lugar en la tarde. Fue perfecto!!

Veí un video en sobre como a hacer una cine, y documentales en iMovie. Me facina!! Despues, participé en un zoom com mí amiga por Bio Feedback!

Bio Feedback me hace relajar y tengo muchas ydías. Por ejemplo, el titulo del documental

*Six. Well, my bakery isn't open, but another bakery is. I also **bought** two lunches for the day. I need to plan and study and rest. I **watched** a Zoom about how to create a documentary and I am fascinated.*

es ¡Los Artes son! probabal-
mente.

EL Dia Siete

Hoy es un buen dia! La
ella Monicasofia me ayuda
mucho. Ella es una estudiante
en la universidad donde
yo estudio. Es muy amable
y intellegente. Habla en
ingles y en español.

Fen Recibí mis llaves por
la oficina hoy. Siento especial
y tengo respeto. Yo iré
aqui me la mayoria que
los dias por que necesito
enfocar en los estudios.

Estoy Esperando por mi hijo
Seth y mis padres a llequen
a Medellin!!

Today is a good day. I had
help from a student at the
university and she is very
friendly. I also received
keys to my office. I feel
special and respected. I
can't wait for my son and
parents to get to Medellín!

Ochoooo!

Hoy necesito preparar po
a hablar en el conferencia
del Riverside County Office
of Education Counseling
Conference. Est un honor
a ser preguntó a
esperar enseñar "desk yoga"
o "Yoga en a el escritorio."
¡Counselors son muy importante
a los estudiantes, per los
necesitan descansar et los
cuep cuerpos, tambien!

Hay muchas restaurantes
deliciosos en mi barrio.
Yo voy a un camina y
busco por un lugar y con
vegetales or pescado. En
Medellin o en español, "carne"
es igualmente a "pork" o
"beef". Pescado es diferente
y pollo es diferente.

*Eight! Today I need to
prepare to be a guest
speaker back home (online)
and lead desk yoga. I went on
a walk to find some
vegetables and fish. Here,
meat is "pork or beef,"
chicken is different, fish is
different. It's all meat to us at
home.*

THOMPSONS   ISLAND

Check out *'Channel Your Creativity'* on the *Shaping a Life You Love* Podcast

Day 9

Nueve

Hoy fue el día del la conferencia, fue muy divertido y tiene energía. Las jefes de la programa son mujeres con muy influencia y cuidad por los estudiantes.

Fue especial a recibio las notas positiva sobre el yoga y meditation yo hice.

La tempuratura es asi asi. En la tarde hay lueve, entonces necesito ir a las tiendas tempranos por cosas yo quiero.

The conference was great and put on by two very influential women in the city. It was **special** to receive positive notes about yoga and meditation. The temperature is ok, it **rains** in the afternoon.

Day 10

El día diez

Hoy tomé mucha descansa.
Tuve una intrevista por una
show on YouTube por
compartir mi ganar de
Fulbright y que yo necesito
ayuda con dinero por
las cuestas a mi casa.

Tengo muchos gractitud
a las personas que me
ayudan. Es increible como
generosos la gente es. Es
poco miedo a ir en
una adventura sin dinero
en total, pero en este
tiempo este momento,
necesito tener fey
que todos las casas
estaré bien.

Today I had a lot of rest. I had an **interview** for a show on YouTube to share about my travels. I have a lot of gratitude for the people who have helped me get here. It's an adventure without all of the money I need, but in this moment I have to have **faith**.

El día once

Me gusta los días en
America Latino por que
tienen siestas. En los
Estados Unidos los días
son largos sin una
descansa.

El tiempo es muy bueno
por comida y los actividades.
Mañana iré a comprar
por cosas por mi familia
porque quiero ellos están
combios.

Despues de compro, iré
un tour de la ciudad
en autobus. Estoy poco
nerviosa sobre llego al
apartamento, per yo espero
hacer amigos en la
experiencia.

¡VAMOS A CONOCER MEDELLÍN!

¿Cuando? : Sábado 12 de febrero
¿A qué hora?: 1:30 p.m. a 6:00 p.m.
¿Dónde?: UPB entrada Av. Bolivariana

¡TE ESPERAMOS!
Confirma tu asistencia en el enlace

*I love the days in Latin America because they have siesta (breaks, naps!). I'm going on a tour of the city. I'm **nervous** to leave my apartment, but I hope to make friends during the experience.*

El Sabado!!

OK El dia fue loco y excellente. Fue un primer dia que y visite conpersonas y vei la ciudad. En un tiempo yo fui muy nerviosa a estar conpersonas nuevos y sobre mi español.

Mi español esta asi asi pero cuando personas hablan mas rapido no entiendo.

Primero, un amigo me tomo a las tiendas grandes porque necesite tallas por mi familia y to cobijas.

Antes de estoy comprando, yo fui en el tur de autobus de la ciudad. Me gusta las personas y no habe un caso para estoy nerviosa!

Saturday! Ok. The day was crazy and **excellent**. I went to the mall to buy some things. My Spanish is ok, but when people talk too fast, I don't **understand** them.

¡Un día más!

Mi familia llega mañana! Woa yo estoy esperando para mi familia por dos semanas, Especialmente SETH, mi hijo Nuestros tiempo a juntos es especial y me encanta la energía y vida de él.

Mi ma ma y papa no visitaron américa del Sur ayer. Necisito comprar, y limpiar, y planar Quiero to ir y al mis restaurantes favoritas, lugares nuevos y simplimente tenemos tim tiempo qualidad.

One more day! I have waited for two weeks for Seth, **my son**. My parents have never been to South America. I want to go to my favorite restaurants, and simply have quality time.

Hoy es un día de muchas cosas!!

Numero uno: Estudiar español en conversa. Estoy muy feliz que tengo accesso de las classes y incluye en mí visita ayer. Los classes dicen un nivel nuevo, pero yo pienso que poco avanzadas!

Numero dos: Yo estudiaré en un studio de yoga enseria sobre como empieza yoga en español! En Las clases empiezan 21 de febrero. No tengo pagas mucho y mí vocabulario improvaré.

Tres: Una profesora quiere tener un reuno conmigo por una oportunidad. No quiero enseñas inglés. Jajaja - Es una oportunidad muchos grandes! Yo bailaré en una programa en Abril!!

Today I will study Spanish online; study yoga in Spanish at the yoga studio, and a professor wants to meet with me about an opportunity, but I can't teach in **English**!

Estoy muy emocionar
sobre el evento y
soy una profesional.

.OK. Un momento más
importante que todas!!
Mi familia está aquí.

Yo fui al restaurante muy
delicioso y se pregunte
por las personas a
traer la comida a mi
casa.

Mi corazo esta muy
grande porque mi
familia es muy ababley
buen con viajar
los
El proximos adventuras!!

Quince!!

Un día muy divertido.

Mi amigo de Fulbright es Camilo. Camilo hizo un fulbright en 2020 en Indiana, los Estados Unidos. Él es muy inteligente y bilingüe. Mi familia. Él visita los montañas en una cable car. Nosotros montamos el metro, también.

Comimos empenadas y gelato y después volvimos a nuestros casa. Fui bien a relajamos con música y comía con mi familia.

A **fun** day. My **friend** in Colombia is Camilo. He studied in Indiana, USA. He is very smart and bilingual. My family went to the mountains on a cable car. We ate empanadas and gelato. It was good.

Check out **'Making Space'** on the **Shaping a Life You Love** Podcast

En el día diez y seis,
nos relajamos. Mi padre y
yo caminamos al
supermercado. Tenemos
desayuno grande a
Sazón de la Negra. Hay
dos restaurantes que
yo comí cada día.
Quiero comer otros lugares,
pero Seth yo yo necesitamos
explorar el barrio
más.

Yo practiqué uno o
dos clases de español
en conversa. Las clases
están poco difícil para
mí pero mi español
improvaré cada día.

We relaxed. Dad and I
walked to the store. We
had a big breakfast at
Sazon de la Negra. I am
still improving my
Spanish each **day**.

El día diez y siete!

Wou! Hoy fuimos a la clinica por pruebas de covid. fue una adventura!! Necesitamos escribis las formas con información, pero algunas palabras no las entiento.

Las personas de la clinica están muy amable.

~~Cena~~ Cena fue La Sazon de Negra. Caminamos a juntos. Mi madre me lo recordo que mi sopa tiene una papa, pero su personal tienen. Reimos tambien por que mi sopa no tiene muchas besos del pescado, pero ellos tienen muchos. Ja ja ja

En la calle hay muy actividades. Un hombre lava las ventanas del autos por propino y el otro juega las ... (Juggle)

Today we went to a clinic that gives covid **tests** (so my parents can fly out). It was an adventure! The people were very nice. On the street, there were many activities: a man cleaning windows of the cars, someone juggling...

Mi mejor amiga venga hoy!! Ella y su hija visitan por el fin de semana.

Mis padres salen hoy. Tengo mucha gratitude por el amor, y el tiempo con mis padres. Tabie Tambien, mis padres traen mi hijo precioso Seth. Seth llega tarde porque el tiene juegos de balencesa to, la escuela. Yo quise por el a tener la oportunidad a jugar con los amigo y entender si quiere jugar balencesa en colegio.

Estoy muy orgullosa de Seth. El trabajo bien en la escuela y tiene una corazon grande.

My best friend is coming **today**! My parents leave today. I have much gratitude for the love and the time with my parents. I am so proud of Seth. He does well in school and has a huge **heart**.

Mañana mi amiga mejor amiga sale. Fue un visita muy corto, pero especial.

Ayer Fuimos a la comuna 13. Hay artes, bailes grafiti, cosas de compras y bebidas. Fue muy especial a visité con amigos y familia.

Yo tuve video por el documental.

Yesterday we went to Comuna 13. There was art, dance, graffiti and things to buy. I took *video* for the documentary.

El dia veinte.

Seth y yo tenemos nuestros tiempo p a aprender sobre nuestros barrio mae, y empesimos una routina cada dia.

Tenemos mas visitantes en Marzo guando mi hijo Micah visite!! Nunca Tenemos este tiempo sin Micah y él es en la universidad, pero es un cambia mas grande.

Seth and I took our time to **learn** about the neighborhood and make a routine for each day. I'll have visitors in March when Micah comes. We don't have Micah here and he is in college; it is a big change.

Ayer, mi el meyor amiga necesitó un prueba de covid por entre en los Estados Unidos.

El señor Sergio, pienzó que el aeropuerto no fue un buena idea, entonces el busquo una otra clinica. Esta clinka no fue cerca, pero las personas fues amiable y po tuvieron paciencias conmigo y mi español.

Mi amiga y su hija tomieron las pruebas sin problemas.

My best friend and her daughter are leaving today, so we had to go to the clinic again for a covid test. The **people** at the clinic were very patient with my Spanish.

Pizza!!

Seth y yo vivo cerca del un restaurante de pizza. Mi hijo le encanta pizza. Todo los dias él puede comer pizza.

Pero no sabimos donde esté exactamente el lugar. Entonces, Seth dijo un buen Sugestion: llama por domicilio.

Los pizzas llegaron más rapidas! y fue muy deliciosos y fue muy

*Pizza! Seth and I live **close** to a pizza place. My baby loves pizza. We couldn't quite figure out where it was, so Seth made a great suggestion—order for **delivery**! The pizza got here fast and was delicious.*

Esta es el segundo semana de la clase por yoga en Español. Tengo mucho gratitud por la oportunidad y tengo nuevos amigos internacional.

Hay una persona do Poland, England y una ella de los Estados Unidos pero durante los años cuando ella fue una niña, ella vivio en España.

En Martes, es un día cuando los estudiantes practicamos enseñas en español. Es importante a tener la oportunidad por decir las palabras nuevas mientras estamos haciendo los movimientos y las profesoras responden a nos.

*This is my **second** week of yoga in Spanish. I am so happy to have new international friends.*

Hoy Seth y yo fuimos as STARBUCKS!! Me gusta las cosas diferentes en Medellín pero StarBucks es poco la casa jajaja. Especialmente por Seth por que no es facil estar sin familia y amigos por tres meses.

Mañana vamos a una finca para relajar y las personas de Vico trabajaré en el apartamento

*Today Seth and I went to Starbucks! I like the different things in Medellín, but Starbucks is a little piece of home, ha ha ha. **Especially for Seth because it isn't easy without family and friends for three months.***

coffee

No tenemos nada hoy por
que no sale~~~ h salimos
hasta sabado por el finca.

Necesitamos pope las
cosas importante en una
tolsa por traer y
retajamos por el día.

We aren't doing anything today because we aren't leaving for the **farm**. We need to put important things in a bag to take (when we go) and relax for the day.

La Finca

Tenemos un viaje bien
al finca en Marinilla.
Para en el penion tambien

La vecina visto' y nos
envió al su finca en
la mañana.

Este lugar tiene mucho
espacio y muy linda. Me
encanta experiencias nuevos
con mi Seth.

The Farm. We are going on
a nice vacation to a farm in
Marinilla and El Penion too.
The **neighbors** invited us to
their farm tomorrow. It's
very pretty. I love the new
experiences with my Seth.

Hoy fuimos al otro finca a visitamos con la vecina por almuerzo. Fue un camina largo pero fabuloso!

La hija de los vecinos y ellas amigas visitaron tambien! Ellos hablan ingles y español pero a veces necesitamos a traducir.

Yo trato a hablar en español cuando una persona no habla en ingles, pero mi hijo no habla español.

Fue un buen dia ♡

Today we went to the other farm to visit with the neighbors. A friend came and she **speaks** English! I try to speak Spanish when a person with us does not speak English, but my son does not speak Spanish. It was a good day.

Necesito buscar por un nuevo apartamento. Tengo estres por que tengo muchas cosas a traer y no auto. Entonces, necesitaré un Uber cuando es tiempo para mover.

Hay muchas problemas en el apartamento y Seth y yo y familia necesito paz por mi projecto y estudiar

*I need to look for a new apartment. I am stressed from all of the problems at this one. There are many **problems** in this apartment and Seth and my family need peace so I can work on my project and study.*

Check out *'Dream, Expect, Hope'* on the *Shaping a Life You Love* Podcast

Es el tiempo para estudiar español y planar las intrevistas por el documental.

Quiero personas variosas a monstrar partes diferentes de los artes en Colombia.

Mi amigo Camilo me ayuda con los introduciones de artistas en Medellín y Bogotá. Tambien, mi amiga MariaSofia me ayuda.

It is time to **study** Spanish and plan the interviews for the documentary. I want a **variety** of people to demonstrate different parts of the arts in Colombia.

Mi hijo mejor llegan en el fin de semana! Yay! Yo el tiene su cumpleaños en Medellín! Quiere ir bailar durante un dia

Durante el visito, vivimos en un apartamente diferente pero no tengo un apartamento nueve por dos meses.

My older son arrives on the **weekend**. Yay! He will have his birthday in Medellin!

Day 31

Mi duele en mi estomago durante este semana. No entiendo pero me espero que no problema permenente. Si yo tengo problemas cuando Micah llega, necesito ir a la clinica. Yo pienso que lo toma mucho tiempo por menos resultas.

Ayer yo encuentré con el profesor sobre ayuda del departamento de audio visual en el la universidad. No conoce como hacer or edicto tu videos, entonces yo estoy feliz con la idea por ayuda.

I'm sick to my **stomach** this week. I don't understand it, but I hope it isn't permanent. Yesterday I met with the professor about help from the audiovisual department, because I don't know how to make or **edit** videos, so I love this idea!

Ok. Miramos a los apartamentos pero los lugares estan en pisos 4, 5 y no Elevators!.

Yo arrendado un apartamento por 8 día y entonces yo tengo una espacio por mi Micah y despues Seth y yo movimos a el otro lugar.

No es mi plan favorito pero quiero un Calma y buen tiempo con mi Micah.

Ok. We're looking at **apartments**, but some places have 4-5 floors and no elevators! We had to rent a temporary place because I want a calm and nice time with my Micah.

En el primer mes de
mi tiempo en Colombia,
dueron dormí muy bueno!
Tengo tuve muchos sueños
comicos!

Hoy yo veo mi bebe NO
puedo esperar!!

Por celebrar él cumpleaños
(poco temprano) tenemos
la cena con mi familia
Colombiano - Camilo y
sus sobrinas.

*For my first **month** in Colombia I slept very well. I had many funny dreams. We are celebrating Micah's birthday a little early-**dinner** with our Colombian family-Camilo and his nieces and nephew.*

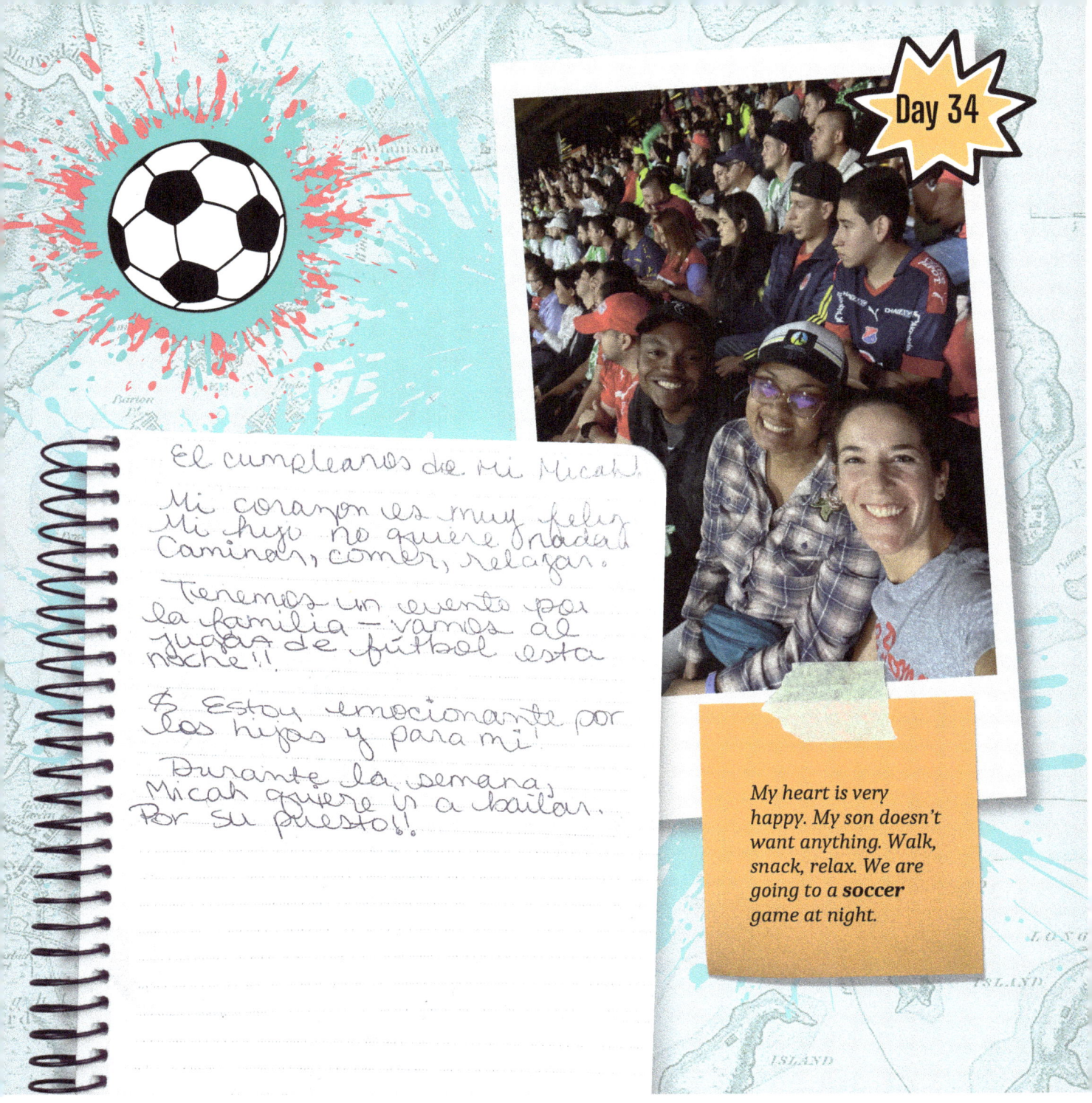

El cumpleaños de mi Micah!

Mi corazón es muy feliz
Mi hijo no quiere nada.
Caminar, comer, relajar.

Tenemos un evento por
la familia — vamos al
juego de fútbol esta
noche!!

$ Estoy emocionante por
los hijos y para mi!

Durante la semana,
Micah quiere ir a bailar.
Por su puesto!!

*My heart is very
happy. My son doesn't
want anything. Walk,
snack, relax. We are
going to a **soccer**
game at night.*

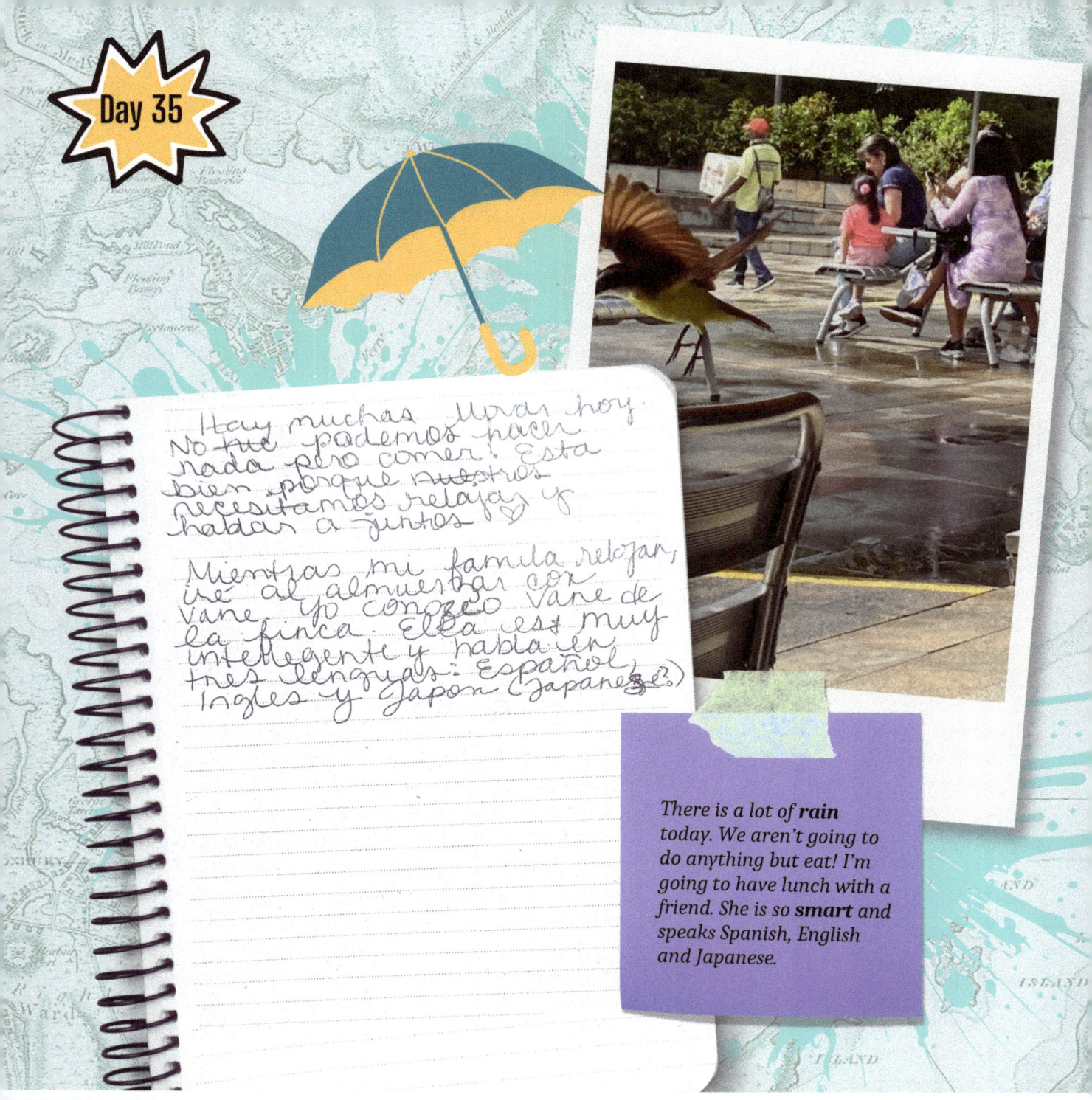

Day 35

Hay muchas lluvias hoy.
No [se] podemos hacer
nada pero comer! Esta
bien porque [nuestros]
necesitamos relajar y
hablar a juntos

Mientras mi famila relajan,
ire al almuerzar con
Vane. Yo conozco Vane de
la finca. Ella est muy
intellegente y habla en
tres lenguas: Español,
Ingles y Japon (Japanese?)

*There is a lot of **rain** today. We aren't going to do anything but eat! I'm going to have lunch with a friend. She is so **smart** and speaks Spanish, English and Japanese.*

A noche fuimos a lecciones de bachata. Micah y yo pero el apartamento no es en el lugar donde es fácil para viajar al Laurelles, mi barrio de ayer.

Él y yo caminamos y caminamos y los taxis hizo "no, termina a noche" o "no, ir a mi casa".

Pero Micah fue feliz y trató po ubers otra vez.

Bailé con mi hijo fue maravilloso maravilloso y el le encanta a ver la gente bailar.

Tuve video por el documental. Siempre estoy trabajando!!!

We went to bachata lessons. It wasn't easy to get an uber from where we were staying to our old neighborhood. Dancing **with** my son was **marvelous**. I got video for the documentary!

Day 37

Hoy, caminamos en el barrio y tuvimos bebimos el té fresa con mint!

Yo quiero hacerlo cuando regreso en los Ustados Unidos.

La persona en el restaurante, no entiendo mi español. Y ella no habló en nunca ingles pero todos las personas tratan, y usam fotos o traducir en el telefono

Today we had **strawberry** tea with mint. The person in the restaurant didn't understand my Spanish and didn't speak English, but everyone will use photos or their phones to translate.

Mañana mi bebe sale. Estoy muy triste, pero fue un visito bonito.

Hoy caminamos y mira los restaurantes, y la gente y hablamos.

Fer. Tuvimos helado delicioso con frutas y queso!! En Colombia, queso con todo!! Arepas, helado — es muy rico.

Mañana tengo una intrevista con el grupo de baile Black and White C13 (Comuna 13).

Tomorrow my baby leaves and I am **sad**, but it was a lovely visit. We had delicious ice cream with cheese. In Colombia, everything has cheese. Tomorrow I have an **interview** with the dance group Black and White 13 in Comuna 13.

Tengo mas gratitud por hoy. El La entrevista fue muy bien.

Fue Musica, danza, perros, motobicicletas, y la gente, la gente, la gente!

La Comuna 13 tiene mucho historia rico y la gente estan orgullosos

Camilo es muy intelegente y les pregunto muchas preguntas que les ayuda expresar sobre porque baile es muy importante en Colombia.

Es mi primero entrevista por el documental!!

*I have so much gratitude for today. The interview went great. There was music, dance, **dogs**, motor bikes, and people, people, people! Comuna 13 has a lot of rich history and the people are proud. Camilo asked many **questions** that helped the artists express why dance is important.*

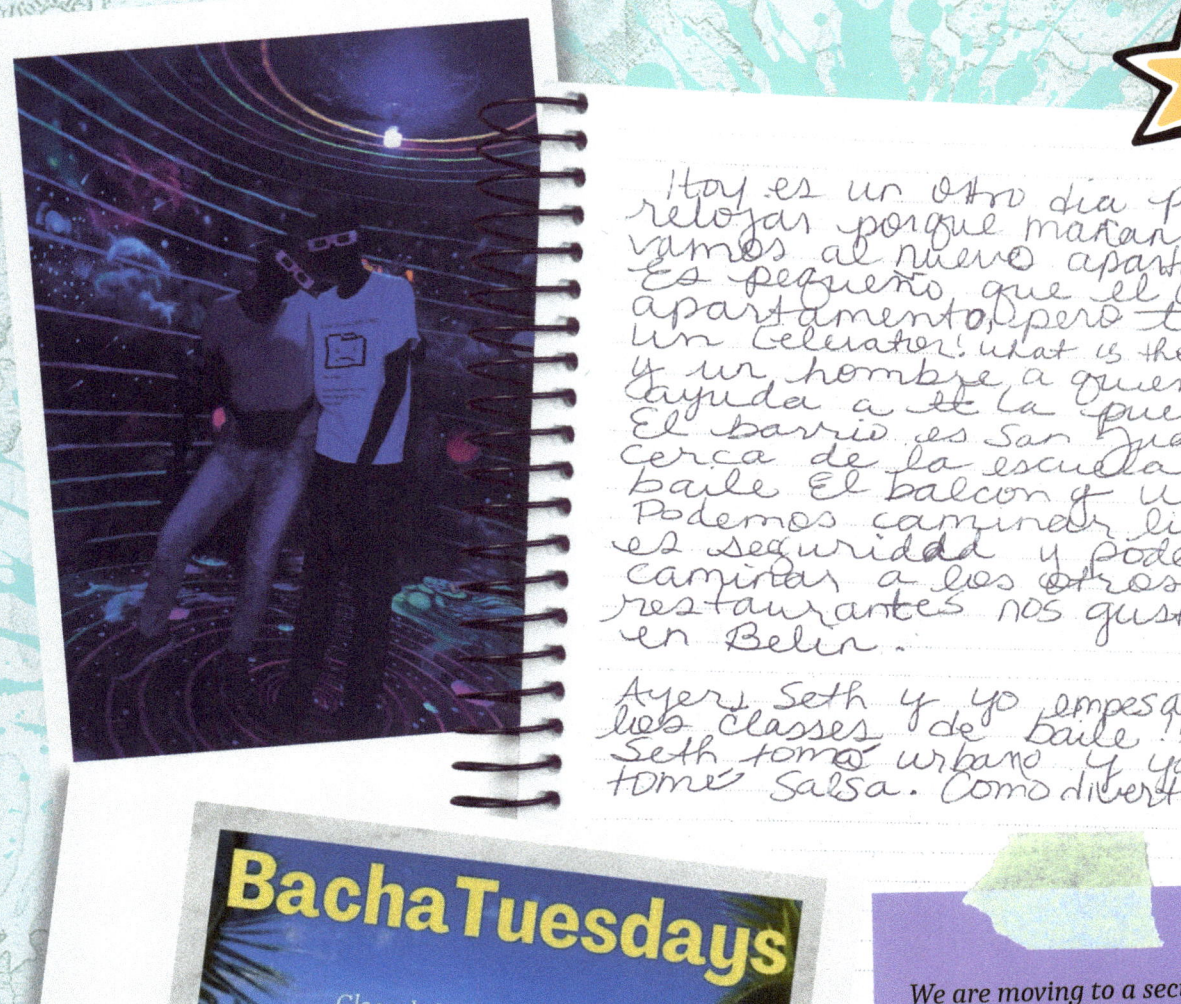

¡Hoy es un otro día para relajar porque mañana vamos al nuevo apartamento. Es pequeño que el otro apartamento, pero tiene un teleiator! What is the word?!] Y un hombre a quien nos ayuda a el la puerta. El barrio es San Juan y cerca de la escuela de baile El balcon y UPB. Podemos caminar libre, es seguridad y podemos caminar a los otros restaurantes nos gustar en Belin.

Ayer, Seth y yo empesamos los classes de baile!! Seth tomó urbano y yo tomé salsa. Como divertido!!

BachaTuesdays

Clase de bachata sensual con:

Chris y Sindi

Directores de Majao Bachata

Clase 7:30-8:30pm $10 mil
Social 8:30-11pm $5 mil

We are moving to a secure neighborhood where we can be free and walk. We are close to a lot of **different** restaurants. Seth started urbano (hip hop) classes and I am taking salsa and bachata.

Nos encantan el nuestro apartamento!! Yo espero que nosotros estamos aqui durante Marzo y Abril!!

En la tarde comimos con la familia de Camilo. Es un oportunidad muy bueno para comer almuerzan autentica de Bogata y visitamos con la familia.

Yo hice la intrevista con Natalia durante la visita. Yo inspir Ella me inspire.

Despues de la intrevista y almuerzo, jugamos (parkel?) con la familia. Yo quiero toma mas tiempo por mi familia.

In the afternoon we are having lunch with Camilo's family. It is an **opportunity** to eat authentic food from Bogotá and visit with family. I did an interview with Natalia, Camilo's niece and she is so inspiring.

Hoy durante Mi reune con la profesora, recibie informacion mal. El evento de las mujeres esta cancele. En este evento, la profesora me envio a bailar. Entonces, posible yo presento en el evento diferente sobre mi proyecto.

Estoy mas comodo con hablando en español y cuando tiene una problema en comunicacio tengo maneras para trabajo en los problemas.

Today I received **bad** news. The event I was going to perform at was canceled. The professor is trying to set up an opportunity for me to present in one of the classes. When we have **communication** problems, we keep trying different ways to communicate.

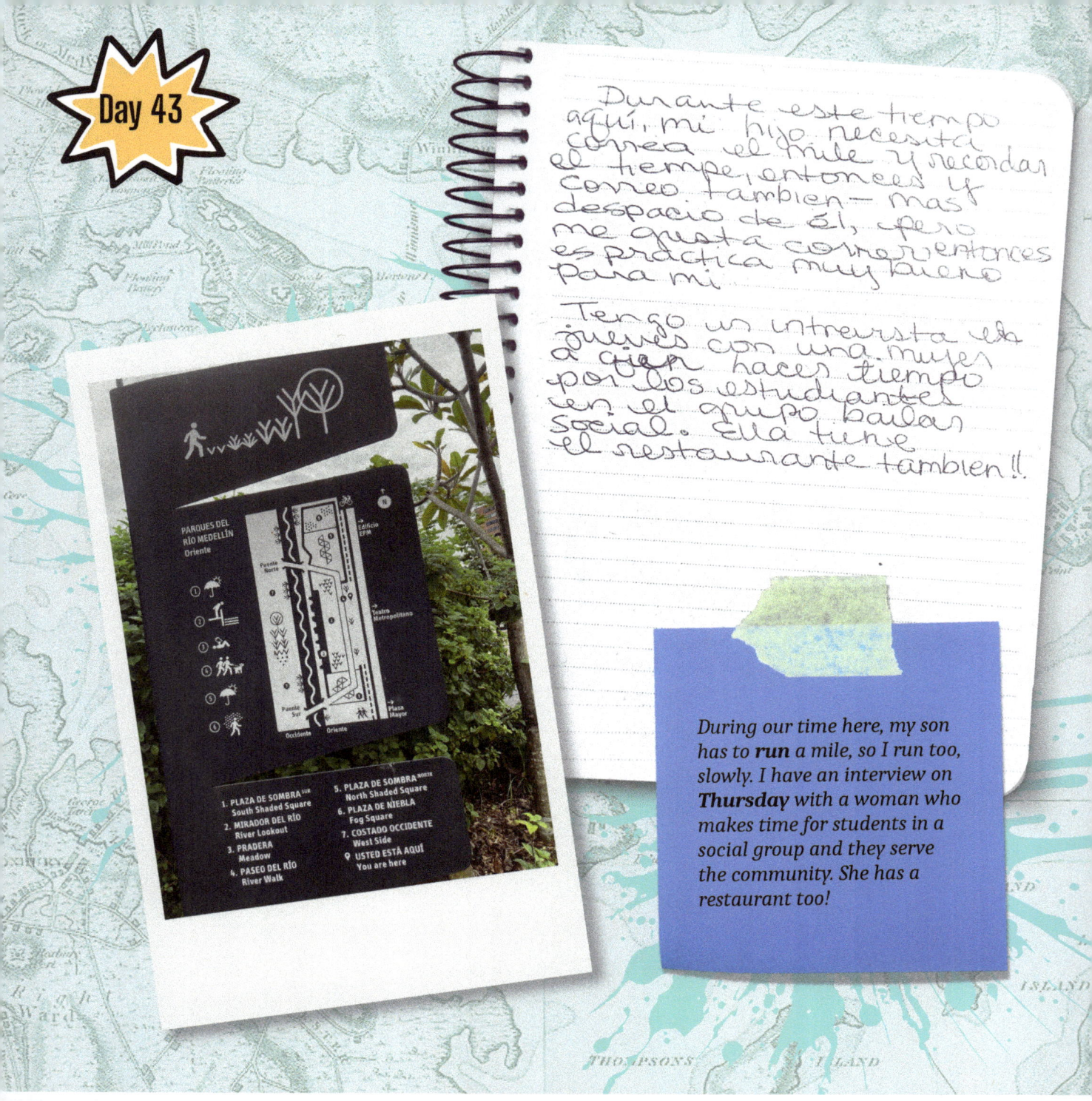

Durante este tiempo aquí, mi hijo necesita correa el mile y recordar el tiempe, entonces y correo tambien — mas despacio de él, pero me gusta como ventonces es practica muy bueno para mi.

Tengo un intrevista el jueves con una mujer a que haces tiempo por los estudiantes en el grupo bailar social. Ella tiene el restaurante tambien!!

PARQUES DEL RÍO MEDELLÍN
Oriente

1. PLAZA DE SOMBRA SUR
   South Shaded Square
2. MIRADOR DEL RÍO
   River Lookout
3. PRADERA
   Meadow
4. PASEO DEL RÍO
   River Walk
5. PLAZA DE SOMBRA NORTE
   North Shaded Square
6. PLAZA DE NIEBLA
   Fog Square
7. COSTADO OCCIDENTE
   West Side
♀ USTED ESTÁ AQUÍ
   You are here

*During our time here, my son has to **run** a mile, so I run too, slowly. I have an interview on **Thursday** with a woman who makes time for students in a social group and they serve the community. She has a restaurant too!*

Guitarra!!!

Hoy fue un primero día de las classes de guitarra para Seth y yo ♡ La profesora es muy ~~tan~~ talentosa en guitarra, piano y canta. La clase dura 1.5 horas! Muy largo para Americanos pero hay mucho tiempo por aprender.

En total, solamente 4 clases ~~porque~~ necesitamos ~~timp~~ tiempo por calma des antes de llegamos en los estados unidos y queremos mirar en ~~otro~~otros partes de Colombia.

Check out **'Made For More'** on the **Shaping a Life You Love** Podcast

*Guitar! Today is our first day of guitar classes for Seth and I. The professor is very talented (piano, guitar and voice). We only have **time** to take four classes.*

Hoy tu yo tuvo el otro entrevista. Ella tiene un corazon grande por los estudiantes. En las ecuelas publicas, los estudiantes no tienen la oportunidad a estudian baile. Primero yo pienso que "Como mal!" No tienen acceso de baile, pero la comunidad hace muchas maneras para los estudi- antes participan en baile gratis o por pagar, similar que los estados unidos.

Yo puedo ver el y como pasionante los adultos son por la oportunidad a dan baile y otros artes a los estudiantes.

OK. Hoy empiezo salsa el jueves porque mi profesora necesito el otro dia. Entonces, mañana, tomo el clase de bachata con el hombre.

*First I thought it was bad that so many schools don't have access to dance, but the **community** has many ways for the students to **participate** in dance. Ok. Today I started salsa **with** a female **teacher**, and tomorrow I take bachata with a male teacher.*

Baile, Baile

Hoy yo tuvo mi clase
de Bachata. Mi hijo tiene
clase Urbano. Él es un
bailarino muy bien ♡

Bachata es un tipo tipo
de baile nuevo a mi. No
tuve clases ayer y no
vei en los clubs. Pero
me encanta ver y mirar
en los videos!! Mis estudiantes
les gustan bachata tambien!

Dos horas cada clase!
Estoy cansada pero
muy feliz con que
aprendes.

Dance, dance. Today I took
my bachata class. My son
took urbano. He is a great
dancer. Bachata is a type
of dance **new** to me. I love
it. Two hours each class! I
am tired, but very happy to
learn.

Hoy corrió el mile con Seth por el escuela. Mi tiempo ~~the~~ improve de el otro semana. ~~Durante~~ este tiempo, yo ~~que~~ quiero improvar ~~on~~ mi fisica y mi salud.

Me gusta el tiempo yo tengo con Seth por ejercisio, hablar y hacer ~~los eo~~ actividades.

Check out *'Say Yes To Healthy Habits'* on the *Shaping a Life You Love* Podcast

Today I ran a mile with Seth and my time improved. I like the time I have with Seth for **exercise**, to talk and to do **activities**.

Piscina de Clavados
Unidad Deporti
de Belen

Piscina Olimpic

Parque Infantil

Unidad Deportiva
Belen

Tiro con Arco

Volley Playa
Pista Bicicletas
Arenero Playa Tiki

10:22 /mi   Time   10m 22s

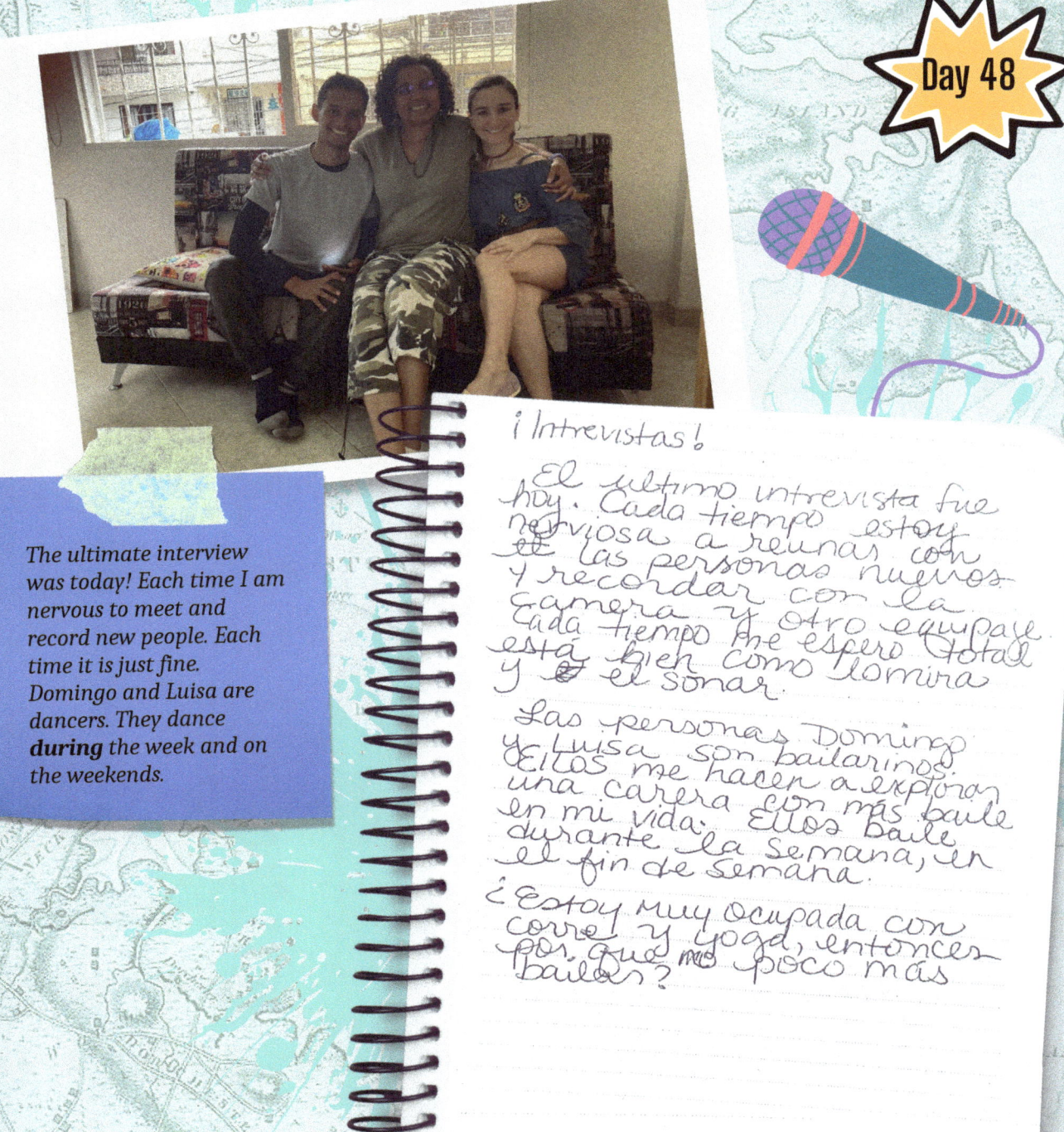

The ultimate interview was today! Each time I am nervous to meet and record new people. Each time it is just fine. Domingo and Luisa are dancers. They dance **during** the week and on the weekends.

¡Intrevistas!

El ultimo intrevista fue hoy. Cada tiempo estoy nerviosa a reunas con las personas nuevos. Y recordar con la camera y otro equipaje. Cada tiempo me espero total está bien como llomira y el sonar.

Las personas Domingo y Luisa son bailarinos. Ellos me hacen a explorar una carera con mas baile en mi vida. Ellos baile durante la semana, en el fin de semana.

¿Estoy muy ocupada con corre y yoga, entonces por que poco mas bailar?

Es el medio de mi tiempo en Colombia pero me sentio siento las cosas yo necesito dar mi atención en los Estados Unidos. Quiero enfoco aquí, pero mi tiempo es aquí y allá ahora. si no, yo tengo problemas cuando llegue a mi casa.

En miercoles necesito dar mis videos del documental a los personas in la universidad pero no tengo organizada. Necesito cambio los plas.

Cuando Micah visitó él me muestro como puedo ysar mi computadora por edictar los videos.

Check out *'Dealing With Disappointment'* on the *Shaping a Life You Love* Podcast

It is the middle of my time in Colombia. On **Wednesday**, I am supposed to take my videos for the documentary to the university, but they aren't organized so I need to change my plans. When Micah visited, he showed me how to edit the videos on the **computer**.

THOMPSONS ISLAND

Hoy yo caminá mucho. Fue muy divertido.

Primero, yo fue al restaurante La sazón de la negra y pregunte por almuerzo para llevar. Segundo, caminá al parque por los vasos de frutas: Sandias, mangos y piña. El tercero lugar, fue una tienda con los trajes de baño. Me compró dos trajes, por el fin de semana. Recibió un llama de telefono que el almuerzo empiezo en la concina, entonces yo regresá al restaurante a esperar por la comida.

Me gusta como Seth siente muy acomodo con nuestro vecino y el camina y compre comida sin nelo.

*Today I walked a lot. It was very fun. I went to the **park** and bought cups of fruit, ordered food to pick up later and bought two **swimsuits** at a store. I like that Seth feels very comfortable in our new neighborhood. He walks and buys food without me sometimes.*

Day 51

Hoy fue dificil por que no queremos salir la casa!! Pero cuando tocamos en las guitaras, sonriemos.

Me gusta aprender una cosa nuevo. En sabado, mis amigos Jose y Linda vienen a Medellin. Vivimos en el Marriott por dos dias a "Chill". Ellas son amigos especial. Familia.

Today was **difficult** because I didn't want to leave the house, but we had guitar. But when we **play** the guitar we are all smiles.

El jueves yo tengo mi
clase de salsa!
Durante mi tiempo en
Medellín, tengo más energía
yo pienso que la comida
es muy fresca y yo
ejercicio mas porque
no tengo un auto.

Despues de la clase,
Seth y yo encuentramos
por almuerzo pero un
plato poco porque no
mucho tengo hambre
despues dos horas de
bailan.

Hago progreso en el
documental. Tengo total
los videos y fotos y
yo corte todo las
intrevistas!

Durante el clase hoy, una
persona entre y tardó mucho
video de p mi profesora y yo.

During my time in Medellín, I
have a lot of energy. I think it is
because the food is very fresh and
I walk a lot because I don't have a
car. After salsa, Seth and I met for
lunch, but we weren't very
hungry, even though I danced for
two **hours**. I made progress on
the documentary. I have all of the
videos and photos and I **cut** the
interviews.

Es el fin de semana!
Marriott!
Es similar que un
vacacion en mi
ciudad. No Preocupada
sobre nada cuando vamos
al hotel mañana.

Hoy tenemos Bachata y
urbano y vamos a
Unicentro (the mall) donde
comimos desbues baile.
Otros restaurantes están
cerrados despues nuestros
classes.

It's the weekend! Marriott!
It's like having a **vacation**
in my **city**. Today we had
bachata and urbano and we
ate at the mall because the
other restaurants around us
were closed.

Hoy es el día!!

Yo comé almuerzo atras y trabajé en mi proyecto. Hablé con Jose y Linda y reunamos mas temprano.

Ten Tuvimos la cena a juntos con Camilo. Antes de la cena, tomamos tapas. Tuvimos ceviche y (octopus) Fue delicioso! El agua fue en una botalla (glass) y Seth lo encanta!

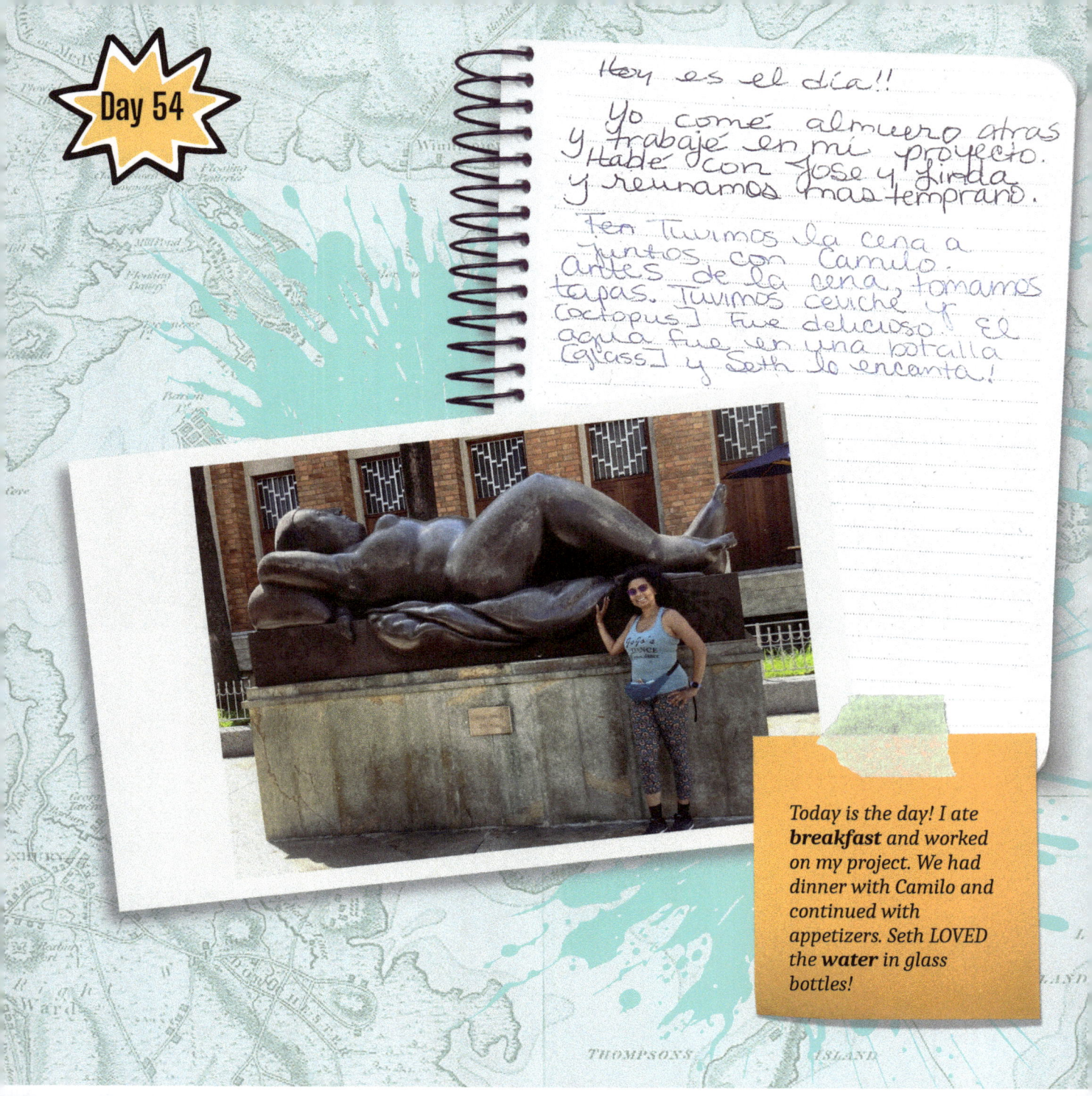

Today is the day! I ate **breakfast** and worked on my project. We had dinner with Camilo and continued with appetizers. Seth LOVED the **water** in glass bottles!

Hoy, fuimos en el tour a Plaza de Botero. Fue muy divertido porque yo negocié por las cosas. Necesito muchas [souvenirs] por mis amigos y familia.

Después, visita la Comuna 13. yo ver los amigos Black y white C3. Fue muy feliz a estuve muy feliz a hablar con mis amigos.

Terminamos el día de con comida Greek. El restaurante tiene [belly dancing] y quidamos los platos!

Tengo gratitud a José y Linda porque ellos son muy positivos y me ayuda en mi vida.

Today we toured Botero Plaza. It was fun because I negotiated with the vendors. We went to Comuna 13 and my friends were happy to see me. We finished the day with Greek food and we got to throw the **plates**!!

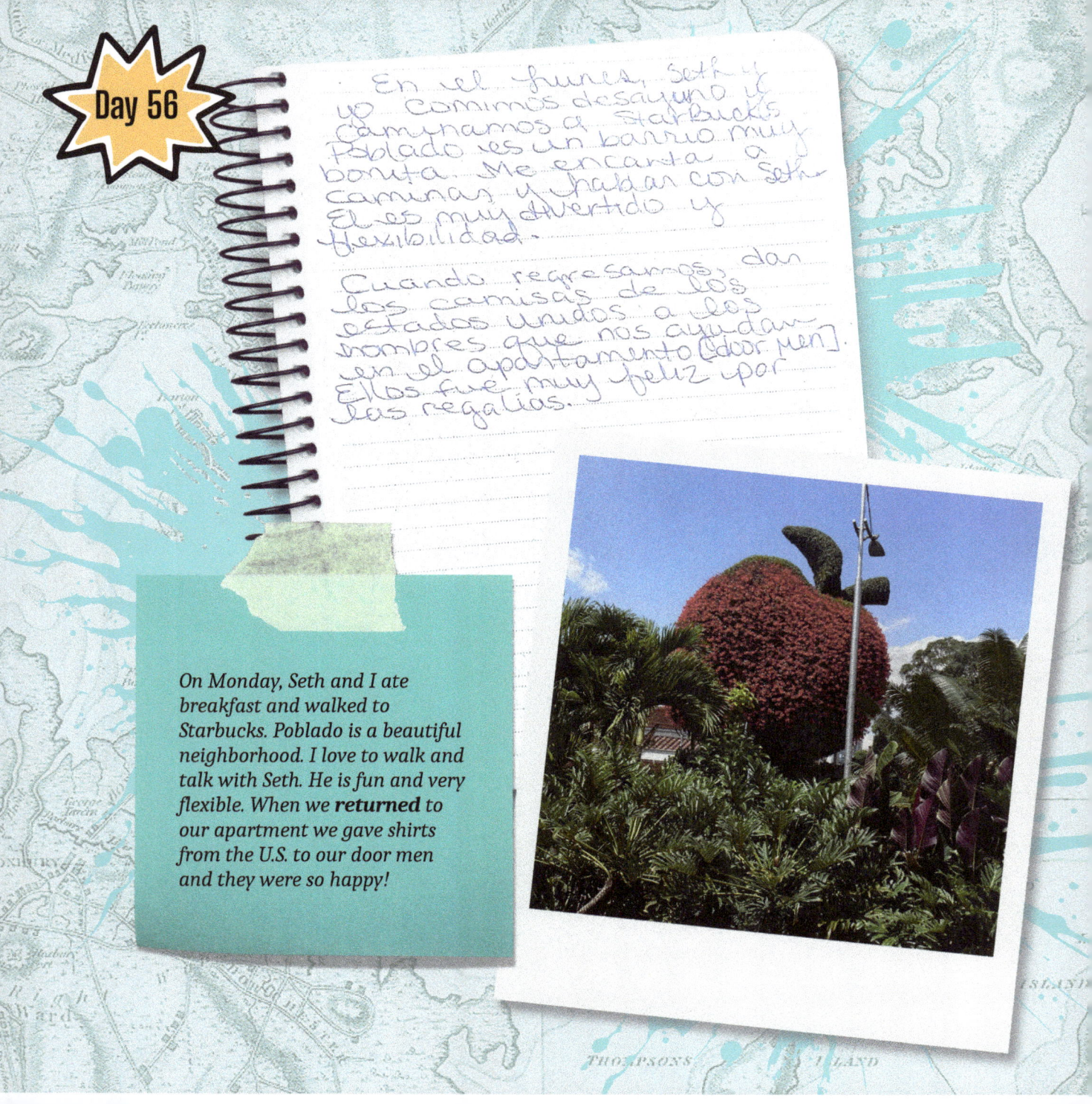

En el lunes, Seth y yo comimos desayuno y caminamos a Starbucks. Poblado es un barrio muy bonita. Me encanta a caminar y hablar con Seth. El es muy divertido y flexibilidad.

Cuando regresamos, dan los camisas de los estados unidos a los hombres que nos ayudan en el apartamento [door men]. Ellos fue muy feliz por las regalías.

*On Monday, Seth and I ate breakfast and walked to Starbucks. Poblado is a beautiful neighborhood. I love to walk and talk with Seth. He is fun and very flexible. When we **returned** to our apartment we gave shirts from the U.S. to our door men and they were so happy!*

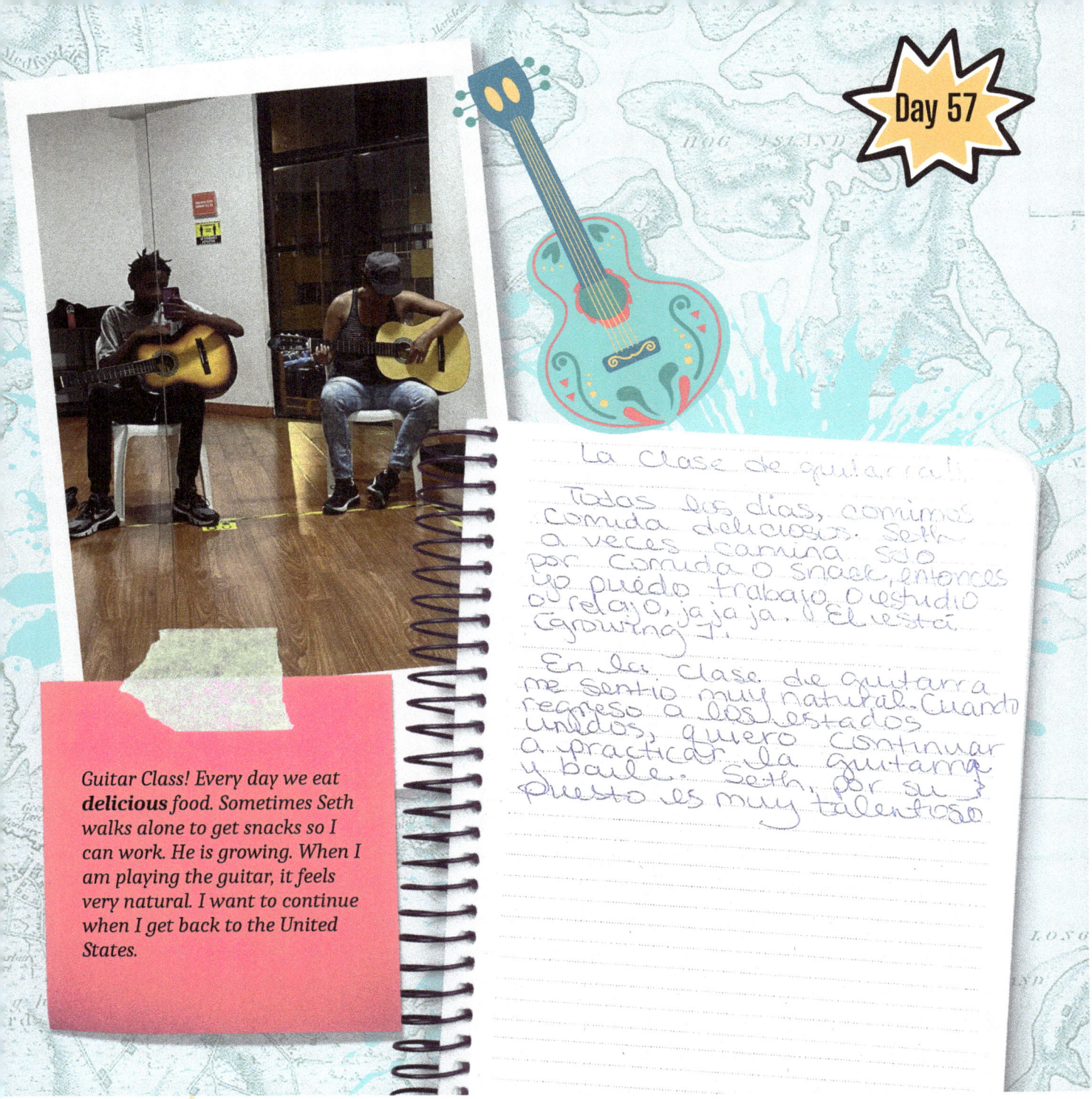

La Clase de guitarra!

Todos los dias, comimos comida deliciosa. Seth a veces camina solo por comida o snack, entonces yo puedo trabajo o estudio o relajo, jajaja. El esta (growing).

En la clase de guitarra me sentio muy natural. Cuando regreso a los estados unidos, quiero continuar a practicar la guitarra y baile. Seth, por su puesto es muy talentoso.

Guitar Class! Every day we eat **delicious** food. Sometimes Seth walks alone to get snacks so I can work. He is growing. When I am playing the guitar, it feels very natural. I want to continue when I get back to the United States.

¡Llueve!

Hoy fui a mi clase de baile. Me encanta mis profesores de bailar. Ellos son muy profesional y pasionante. Me sentí que ellos en realidad querimos que yo improvan y baile en un nivel mas professional.

Despues de la clase, Seth y yo reunimos por almurza en Sazon de la negra. Delicioso - siempre.

Hize much llueve. Caminamos en la llueve con uno palaguas porque Seth no recuerdo las paraguas de él.

Compramos comida en Unicentra [the mall] y compramos postres deliciosos.

Rain! I went to dance class today. I love my **dance** teachers. I feel like they really want me to improve to a professional level. There was so much rain. Seth and I walked in the rain under one **umbrella** because he didn't bring his.

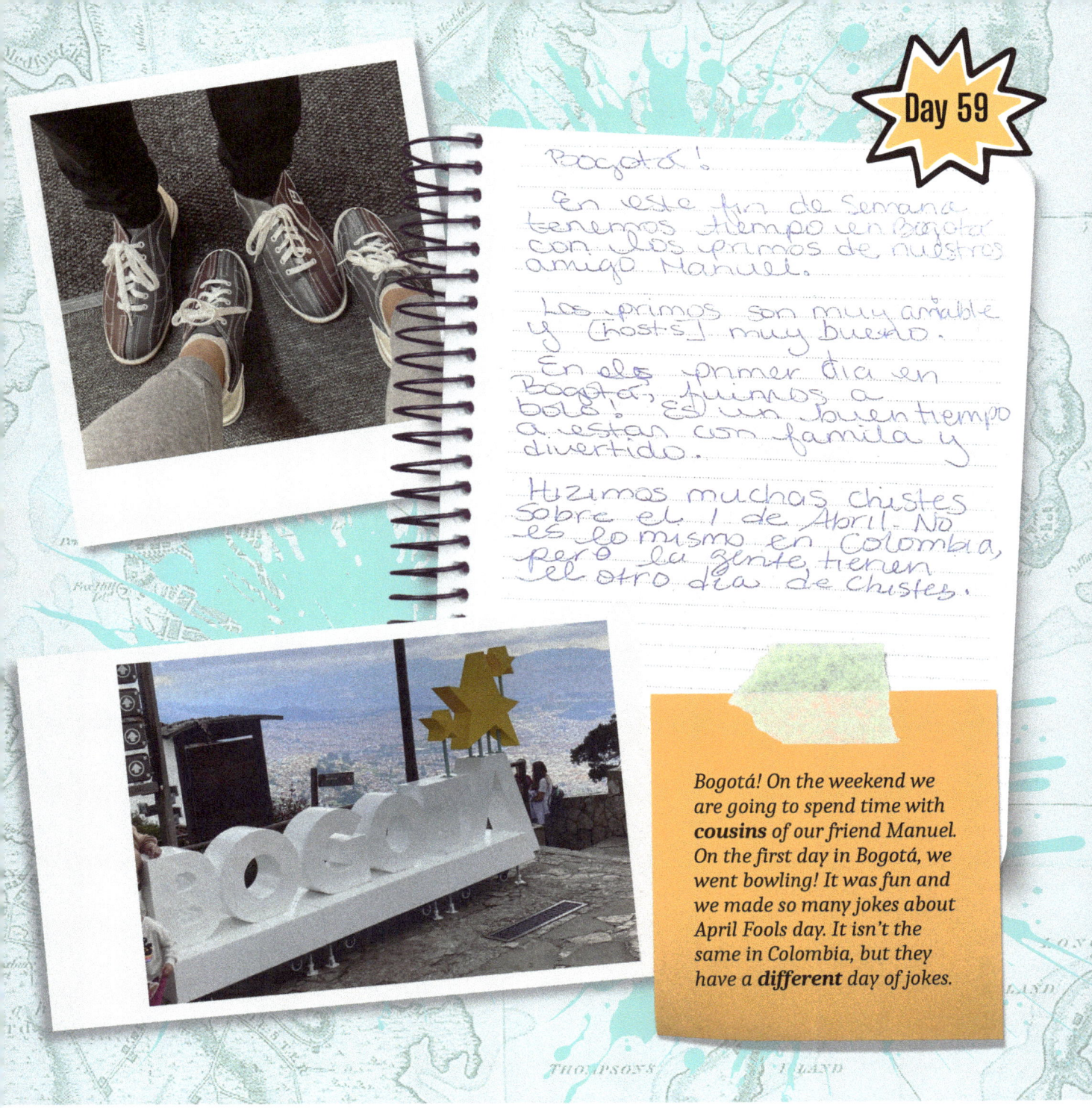

Bogotá!

En este fin de semana tenemos tiempo en Bogotá con los primos de nuestros amigo Manuel.

Los primos son muy amable y [hosts] muy bueno.

En els primer dia en Bogotá, fuimos a bolo! Es un buen tiempo a estan con famila y divertido.

Hizimos muchas chistes sobre el 1 de Abril. No es lo mismo en Colombia, pero la gente tienen el otro dia de chistes.

Bogotá! On the weekend we are going to spend time with **cousins** of our friend Manuel. On the first day in Bogotá, we went bowling! It was fun and we made so many jokes about April Fools day. It isn't the same in Colombia, but they have a **different** day of jokes.

Día 2 - Bogota.

Fue un día largo, pero rico.

Fuimos a Monserat, una iglesia en la montaña. Hay tres maneras a ir sobre la montaña. Primero, puedes caminar, dos, el metrocable o tres, el tren. Tomimos el tren.

Sobre la montaña hay información sobre Cristo, duranta el tiempo se llama Pascua, ahora. Que bonita. Tomimos muy fotos.

Despues de la visita de Monserat, vamos al museo del Oro. La historia fue muy interesante y [amazing]!

Oh! Tambien, compramos mas regalias y veimos los edificios del gobierno.

Day 2: Bogotá. We went to Monserrate, a **church** in the mountains. There are three ways to get up the mountain: you can walk, take the metro cable or the train. We took the train. There is information about Christ, **Easter**, and we took so many pictures. After, we went to the **Gold** Museum, and bought many gifts at the Capitol.

Botanical Gardens
(Jardín de botánica?)

En el tercer día, visitamos el jardín botánica. El otro primo Dani, un artist y fotografía trabaja en el jardín y no de un tour.

Me encanta camina en lugares naturales.

Despues, caminamos con el otro hijo da Marta. Tengo mucho familia en Colombia ahora. ♡

Botanical Gardens. On the third day, we visited the Botanical Gardens. **Another** cousin, Dani, is an artist and photographer who works at the gardens and gave us a tour. I love to walk in nature.

Day 62

Un día de relajar!

Fuimos muy consados de nuestros tiempo en Bogotá. En esta día, nosotros relajamos y caminar á lugares cerca de la casa, por ejemplo, Unicentro el banco o por comida. Y

A day to relax! We were very **tired** from our time in Bogotá. Today we will relax and walk to places close to our house, for example, the mall, Unicentro and the **bank**, or for food.

Hoy fue un otro día de relajar, pero también tenemos un ultima día de la clase de guitarra.

Ella enseñó excelente! En este día fue poco difícil y Seth necesitó me ayuda también!

Necesitamos continuar con guitarra cuando regresamos a los estados unidos. Pero ahora, estoy muy feliz que Seth y You total tomimos clases. La clases fue muy profesional.

*Today was also relaxing, but our last day in guitar class. The teacher was **excellent**. We need to continue with guitar when we return, but for now I am so happy that we took these classes.*

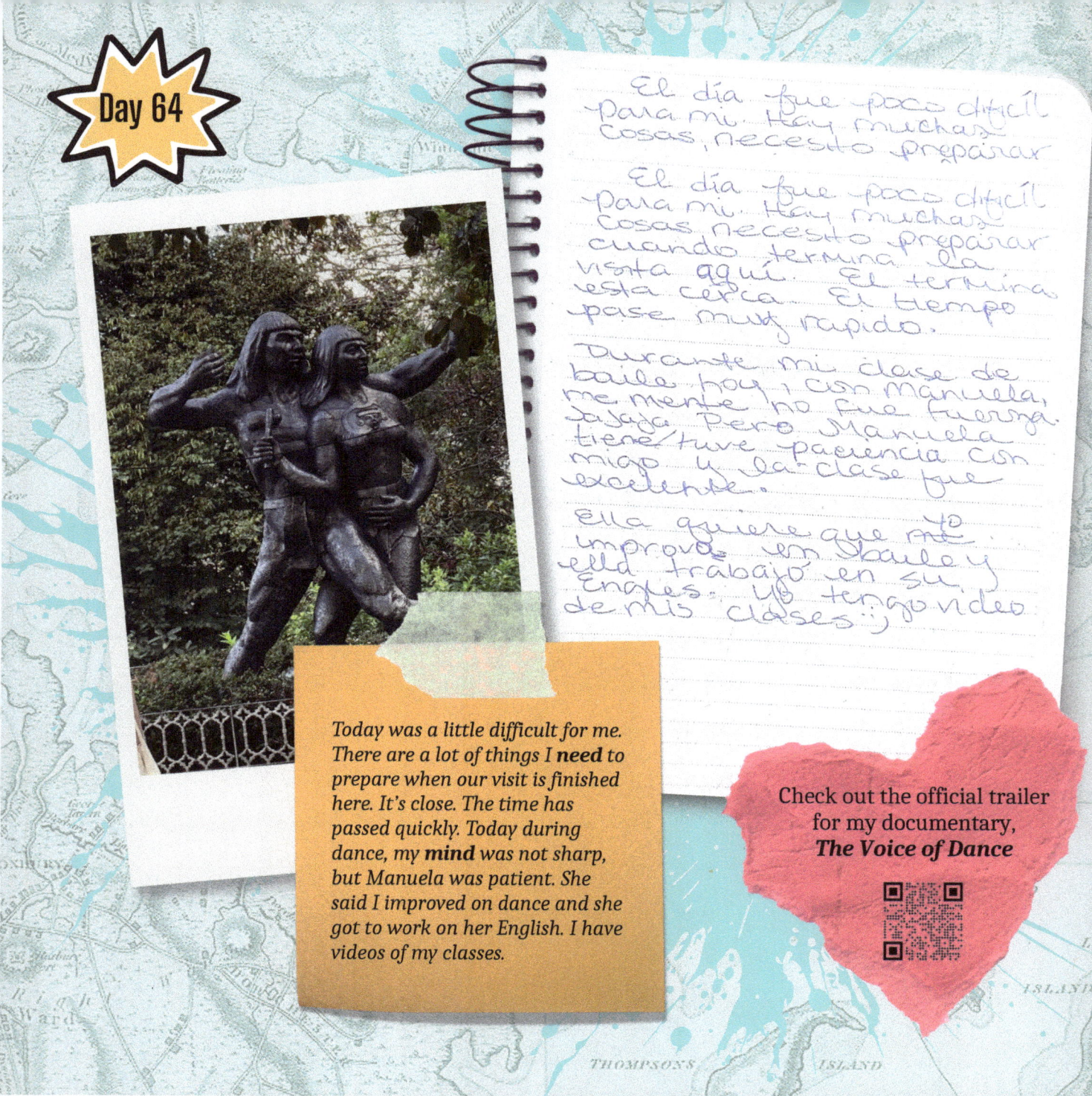

Day 64

El día fue poco difícil
para mí. Hay muchas
cosas, necesito preparar

El día fue poco difícil
para mí. Hay muchas
cosas necesito preparar
cuando termina la
visita aquí. El termina
esta cerca. El tiempo
pase muy rápido.

Durante mi clase de
baile hoy, con Manuela,
me mente no fue fuerza.
Jajaja Pero Manuela
tiene/tuve paciencia con
migo y la clase fue
excelente.

Ella quiere que mí yo
improve en baile y
ella trabajo en su
Ingles. Yo tengo video
de mis clases.;)

*Today was a little difficult for me. There are a lot of things I **need** to prepare when our visit is finished here. It's close. The time has passed quickly. Today during dance, my **mind** was not sharp, but Manuela was patient. She said I improved on dance and she got to work on her English. I have videos of my classes.*

Check out the official trailer
for my documentary,
The Voice of Dance

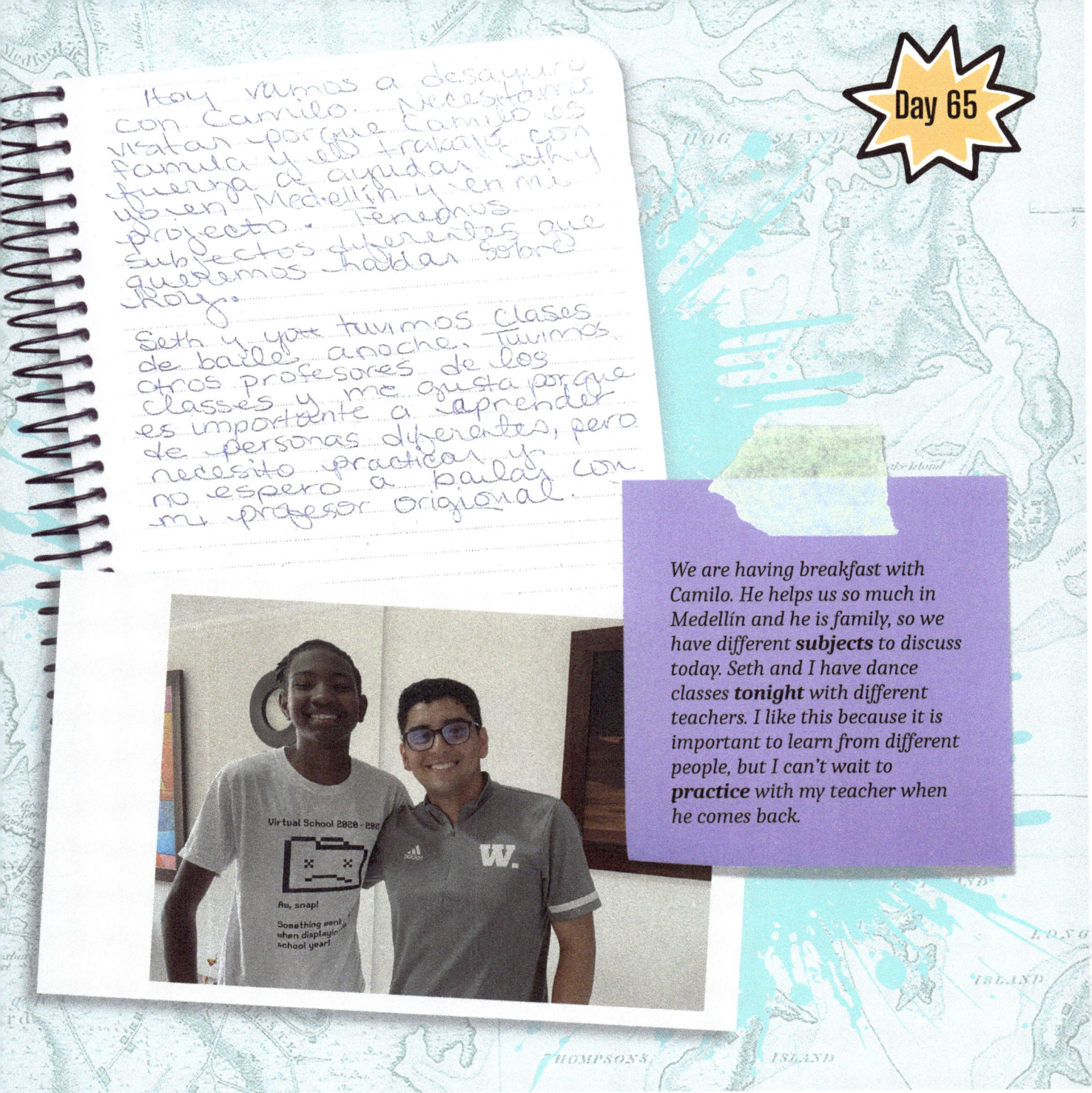

Hoy vamos a desayunar con Camilo. Necesitamos visitar porque Camilo es familia y el trabaja con fuerza a ayudar Seth y yo en Medellín y en mi projecto. Tenemos subjectos diferentes que queremos hablar sobre hoy.

Seth y yo tuvimos clases de baile anoche. Tuvimos otros profesores de los classes y me gusta porque es importante a aprender de personas diferentes, pero necesito practicar y no espero a bailar con mi profesor original.

We are having breakfast with Camilo. He helps us so much in Medellín and he is family, so we have different **subjects** to discuss today. Seth and I have dance classes **tonight** with different teachers. I like this because it is important to learn from different people, but I can't wait to **practice** with my teacher when he comes back.

Cartagenaaaaa!

OK! En el primer día en Cartagena, relojamos. En el Segundo día fuimos a Hard Rock Cafe en después tiempo en la piscina. La gente fueron muy amable en todos los lugares.

Baile a lado de la piscina con otros habitantes del Hotel. Fue muy divertido!

A Hard Rock, compramos muchas cosas: Camisas, sueteres, [pins] y una [patch] y mi vaso por mi colleción. La comida en Hard Rock es delicioso.

Hard Rock Cafe estar en la ciudad con [wall]/ualled city.

Cartagenaaaaaaaaaa! Ok. The first day in Cartagena we relaxed, but the **second** day we went to Hard Rock Cafe after time in the pool. We took dance classes next to the **pool** with other hotel guests. At Hard Rock, we **bought** lots of things: shirts, sweaters, pins, and patches. I also bought a glass for my collection.

En el tercer dia en
Cartagena, tenemos un
almuerzo delicioso, y
comimos desayno marisco.

Tambien, tiene la oportunidad
a bailar a lado de la
piscina. Hay mas personas
en este dia. Me gusta
que es un mescla de
hombres, mujeres y hijos.

En la tarde tuvimos
masages en la spa del
hotel con [stones] caliente.
Necesitamos mas masages
cuande regresamos a
los estados unidos.

On the third day in
Cartagena, we had a
delicious breakfast and
lunch and we had
massages at the spa. We
need more massages when
we return home.

Esta persona merece tu amor
This person deserves your love

En el ultimo dia, yo tuve tiempo al jacuzzi y despues fuimos a aeropuerto.

El velo no salio hasta 4 o 5 horas mas tarde! Estuve muy enojada, pero tengo una amiga nuevo Caitlyn! Ella salio los Estados Unidos y vive en Cartagena por 6 años. Ella es en el grupo de salsa tambien! Yo pienso que sobre pregunta ella por un video de baile del grupo por me documental.

On the **last** day in Cartagena, I had time to sit in the jacuzzi and after, we left to the airport. The plane left five hours **late**! I was so mad but I made a new friend Caitlyn. She left the United States to live in Cartagena for 6 years. She is also in a salsa group.

En esta dia relajamos
por que el voto vuelo fue
mas tarde. Estamos muy
feliz para regresar en el
apartamento.

El jueves recibimos
el otro visitante? Tenemos
el tenemos el otro dia
de relajarnos y tenemos
desayuno con mi mejor
amigo en Colombia, Camilo.
Es muy

We are very happy to be
back at our apartment
after such a late flight.
We are taking a couple
of days to just **relax**.

En viernes (y jueves) no
hay clases de baile por
que es [Holy week]. La
Semana Santa. Es una
Semana calma por que
muchas personas
preperan por pascua o
viajan.

En sabado es el
cumpleaños de Seth!! Él
es my emocionado sobre
el cumpleaños jajaja.

Continuamos a explorar
lugares diferentes en
Medellin y visitamos
lugares favoritos.

Corremos un mile hoy
por la clase fisica de
Seth. Mi tiempo impoova
y estoy feliz!!

On **Friday** (and Thursday)
there are no dance classes
because it is Holy Week. It is
a calm week in which
people prepare for Easter or
travel. Saturday is Seth's
Birthday! He is very
emotional about his
birthday.

El cumpleaños de mí bebe. Pero él es muy grande!

Hoy vamos a Crepes y Waffles por la cena delicioso. Las personas a quien trabajan en el restaurante conocen mi familia por que visitamos a veces

El domingo es un día de relajomos. Mucho llueve Comimos a Chips Pollo y pescado. Tienen una Bebida con lemonado y coco – delicioso.

My baby's birthday. But he is huge! Today we are going to Crepes and Waffles for a delicious dinner. The people who **work** in the restaurant know us because we eat there often. Later we ate at Chips Pollo y Pescado. They have this **lemonade** and **coconut** drink that is so delicious.

Queremos visita el museo de agua, pero cada lunea el museo está cerado, entonces comimos en el restaurante cerca del museo. Tenemos pizza deliciosos.

Es cerca del fin del tiempo en Medellín. Estamos consados en nuestros mentes ya jajaja. Aprendemos mucho sobre vida, y español, y yo [myself].

We wanted to visit the water **museum**, but every Monday it is closed, so we will eat at a restaurant nearby. The pizza is delicious. It's close to the end of our time in Medellín. Our brains are tired, ha ha ha. I have learned a lot about life, Spanish and myself.

Finalmente! El museo de agua!!

El museo fue bonita y muy interesante porque es mas que informacion de agua. Es sobre la ciencias y sobre vida empieza.

El tur fue en Español pero el Guid habla poco Español tambien. El quiere aprender en Ingles. Me gusta conecto y le ayuda las personas que ques quieren aprender Ingles.

En la noche mi hermano llego a Medellin. Seth y yo nos gustan a mueshar la ciudad a familia. Hay, en la noche del 20 de Abril.

Finally! The water museum with my step mom. The museum is **beautiful** and very **interesting** because it shares a lot of information. Most of the tour is in Spanish, but the guide spoke a little English too. At night my godbrother arrived in Medellín. We like to show family our city.

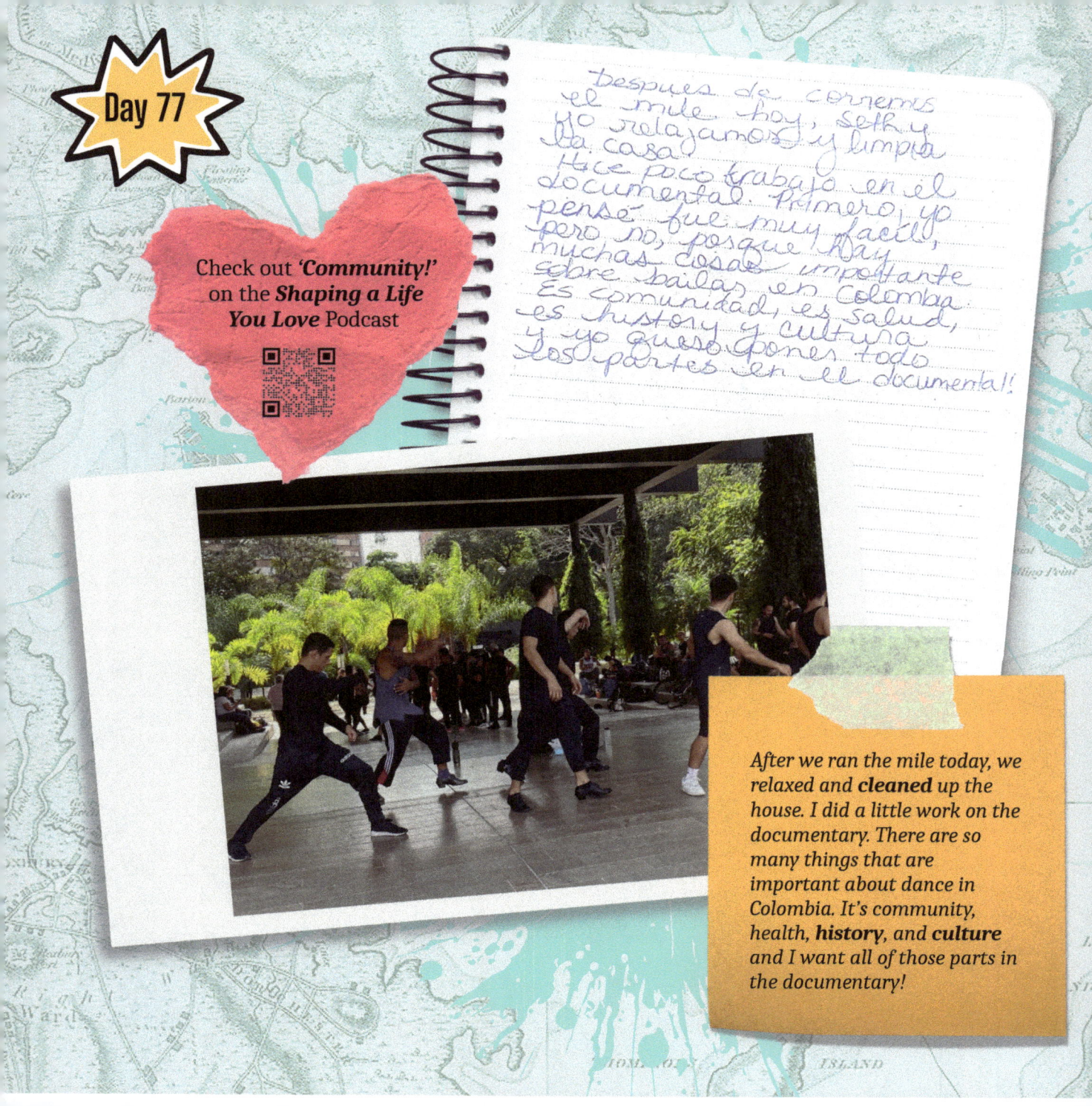

Check out *'Community!'* on the *Shaping a Life You Love* Podcast

Despues de corremis el mile hoy, Seth y yo relajamos y limpia la casa.
Hice poco trabajo en el documental. Primero, yo pensé fue muy facil, pero no, porque hay muchas cosas importante sobre bailar en Colombia. Es comunidad, es salud, es history y cultura y yo quiero poner todo los partes en el documental!

*After we ran the mile today, we relaxed and **cleaned** up the house. I did a little work on the documentary. There are so many things that are important about dance in Colombia. It's community, health, **history**, and **culture** and I want all of those parts in the documentary!*

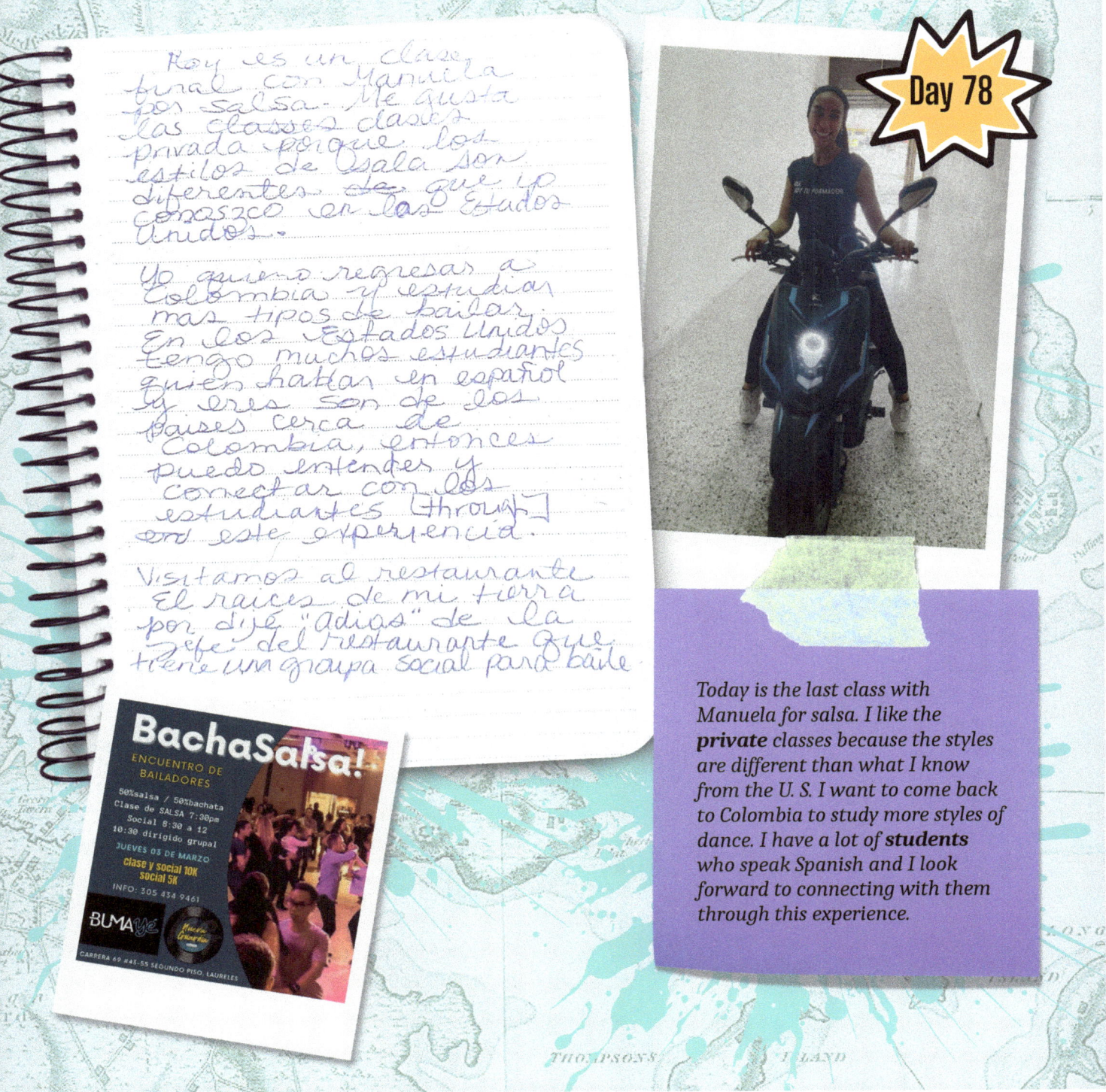

Hoy es un clase final con Manuela por salsa. Me gusta las classes clases privada porque los estilos de salsa son diferentes de que yo conozco en las Estados Unidos.

Yo quiero regresar a Colombia y estudiar mas tipos de bailar. En los Estados Unidos tengo muchos estudiantes quien hablan en español y eres son de los paises cerca de Colombia, entonces puedo entender y conectar con los estudiantes [through] en este experiencia.

Visitamos al restaurante El raices de mi tierra por dije "Adios" de la Jefe del restaurante que tiene una grupa social para baile

Day 78

BachaSalsa!
ENCUENTRO DE BAILADORES

50%salsa / 50%bachata
Clase de SALSA 7:30pm
Social 8:30 a 12
10:30 dirigido grupal

JUEVES 03 DE MARZO

clase y social 10K
Social 5K

INFO: 305 434 9461

BUMAYé

CARRERA 69 #45-55 SEGUNDO PISO, LAURELES

*Today is the last class with Manuela for salsa. I like the **private** classes because the styles are different than what I know from the U. S. I want to come back to Colombia to study more styles of dance. I have a lot of **students** who speak Spanish and I look forward to connecting with them through this experience.*

Hoy yo caminaré a
nuestro barrio viejo
de primero llegimos
en Medellin. En este
barrio, Hay frutas
y restaurantes y
tiendas nos gustan.

Yo comprare fruitas,
y arepas con queso
entre los arepas Son
maravillosos!!

Caminaré mas o
menos 2.5 miles.

Today we are walking to our
old neighborhood from when
we first arrived. They have
fruit, restaurants and **stores**
we like. I bought fruits, and
the arepas with **cheese** are
marvelous! We walked more
or less 2.5 miles.

Check out *'Dare to Decide'* on the *Shaping a Life You Love* Podcast

I am a little **nervous**. After my class with Jorbanni, I have the opportunity to talk with a class at the University. I understand a lot of Spanish, but I am not **fluent**. My class with Jorbanni was incredible. I can't wait to take more classes in the U. S.

Estoy poco nerviosa porque despues de mi clase de Jorbanni, tiene la oportunidad a hablar en la clase todo en la Universidad Pontificia Bolivariana. Yo entiendo mas español, que cuando llegué, pero no estoy fluido.

Ok, mi clase de Jorbanni fue increible. Tomamos video y me espero que puedo tomar clases de bachata en los Estados Unidos. Quiero buscar para un par para practicas y posible baile en un show.

Antes de las classes, visitamos Plaza de Botero otra vez. El arte es muy linda. No compramos mucho hay.

¡Sábado!

Hoy fue muy divertido.
Nuestros amigos nos
muestran el Pueblita
Paisa y comida
Peruvian en una
[mall] Centro en Poblado.
Los hijo la familia
habla in español y
in ingles y muy amable ♥
Ellos son de Cali,
una co ciudad quiero
visita.

Today was so fun! Our
friends showed us Pueblita
Paisa and we had Peruvian
food in a mall in Poblado.
They speak Spanish and
English and are so **friendly**.
They are from Cali, a city I
want to visit.

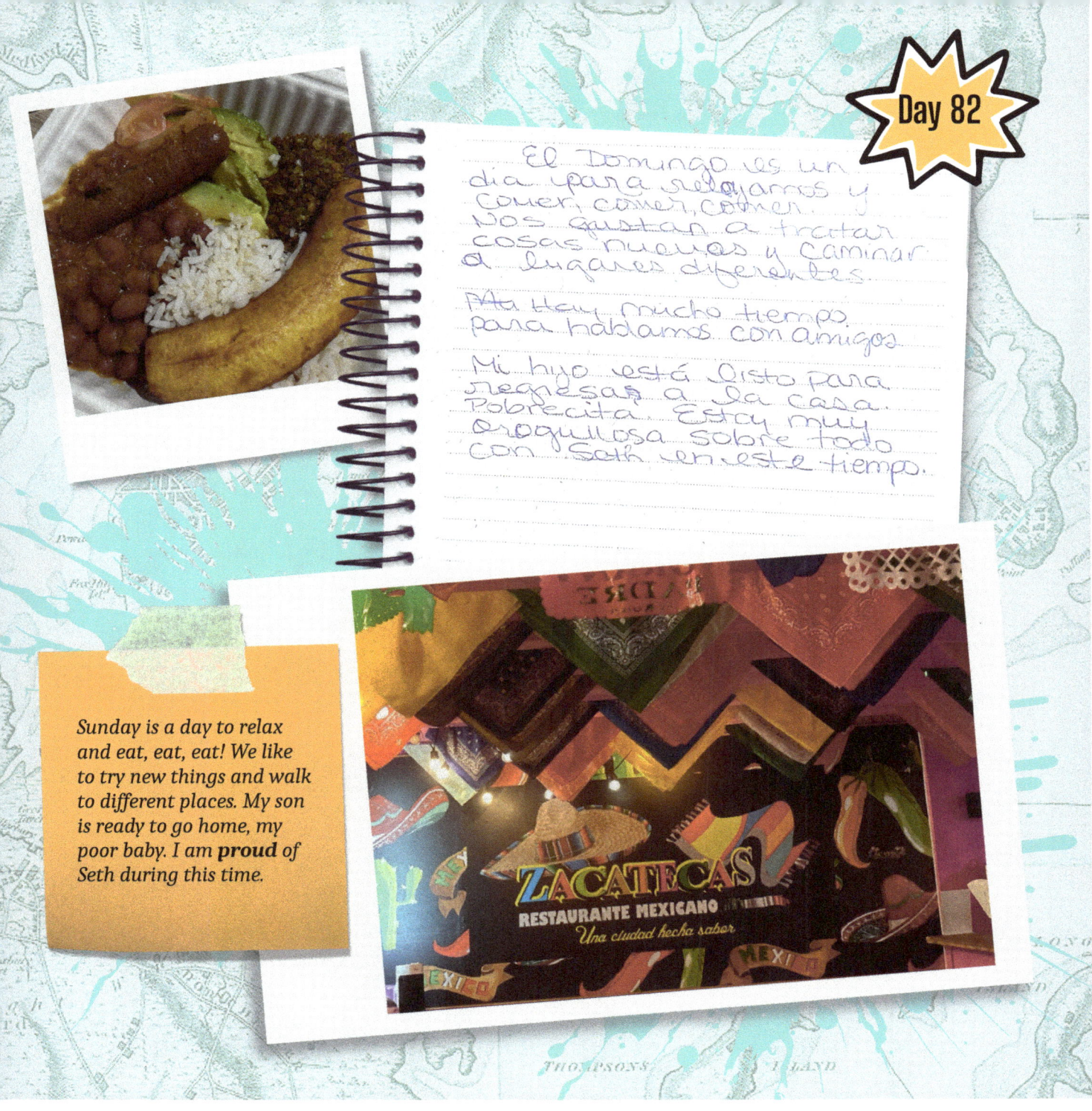

El Domingo es un
dia para relajarnos y
comer, comer, comer.
Nos gustan a tratar
cosas nuevas y caminar
a lugares diferentes.

Hta hay mucho tiempo
para hablamos con amigos.

Mi hijo está listo para
regresar a la casa.
Pobrecita. Estoy muy
orgullosa sobre todo
con Seth en este tiempo.

Sunday is a day to relax
and eat, eat, eat! We like
to try new things and walk
to different places. My son
is ready to go home, my
poor baby. I am **proud** of
Seth during this time.

Hoy fue un día independiente. Mi hermano quiere aprender español y estoy feliz. Vamos a los tres restaurantes favoritos y él miró a la ciudad solo también.

A veces, durante el día o en la noche, Seth y yo jugamos tarjetas. Jugamos rummy.

Today is an **independent** day. My godbrother wants to learn Spanish and I am so happy. He goes to his favorite restaurants and roams around the city alone, too. During the day Seth and I play cards. I was going easy on him, but he doesn't need it. He keeps beating me!

En Martes, no hay muchas cosas hacer, porque necesito poner ropas y souvenirs en las bolsas y otras cosas en la basura!!

En la mañana, reúna con Johana. Ella trabaja a crepes y waffles y ella es mi amiga. Tiene dos hijos también. Hablamos sobre las lenguas y como es a ser una mama... No hay problemas con mi español cuando hablamos.

On **Tuesday** there is not much to do. We have to put some clothes and souvenirs in bags and some in the trash! In the morning I will see Johana. I have no problems communicating in Spanish when I am talking with her.

Hoy fue un buen día porque visitamos con Camilo y la familia de él. Será muy difícil cuando es tiempo para salimos.

Miramos partes del mi documental y hablar sobre cosas a cambiar o menos en el video. Me facina sobre como el video [will] termina. Las personas en el video son muy especial a mi mi.

Today was a great day because we visited with Camilo and his family. It's difficult because it is time for us to leave. I looked at parts of the documentary and talked about things I want to **change** or take out of the video. I am fascinated about how the video will turn out. The people in the documentary are very special to me.

Hoy comimos a Crepes y Waffles. Ella (the waitress) fue nuevo. Tenemos pocos problemas cuando ordinamos pero todo esta bien. No quiere a la mujer tiene problemas con su trabaja, entonces, no fui enojada, ni mis hijo.

Por la cena ricc quiero comer en el restaurante regano. Es delicioso y es una restaurante nuevo.

Seth mira la persona le compro dulce cada dia. El hombre esta feliz quan cuando miro Seth. Todo la genta esta feliz cuando miro Seth porque siempre el bailando y sonriendo!

Today we ate at a restaurant that had a new server. We had some issues with our order, but we didn't want her to get in trouble, so we didn't get **mad**. For dinner we ate at a new restaurant that was delicious. Seth saw the man on the street we always buy **candy** from. He was so happy to see Seth. Everyone is always happy to see Seth because he is always dancing and smiling.

Check out *'Karma'* on the *Shaping a Life You Love* Podcast

Hoy visitó el centro uno mas. Tenem tuvimos alm desayuno con camilo y compramos cosas por la familia.

Tenemos las ultimas clases de baile también. Es fin

El lugar nos llamamos nuestra casa por tres meses fue muy bien a nosotros.

Estoy triste por que nar hicimos familia y amigos aqui.

Antes de bailar, tuve cafe con Johana otra ves. Fue un tiempo muy especial.

Today we visited **downtown** one more time! The last dance class is today. It's over. This has been our place for three months and has been very good to us. I am sad about our family and friends here. **After** dance, I had coffee with Johana one more time. It was very special.

Anoche ire al
aeropuerto para
regresamos a los Estados
Unidos!!
Tuvimos almuerzo con
Camilo despues ylas
pruebas de covid.
Todo esta bien y
compré los libros y
comidas deliciosos por
el tiempo final.

Listos.

Check out **'Shaping A Life You Love'** on the Podcast

BioReferencia
Laboratorio Clínico

Tonight we will go to the airport to head back to the United States! We will have breakfast with Camilo after we take our covid tests. All is well and we bought **books** and delicious snacks for the final time. Listos. We are ready.

Above the clouds & going home.

special thanks

If I were to make a list of the friends and family members who've made an immense difference in my life by financially and emotionally supporting my efforts to not only journey to Colombia but to then come back home, rest, and completely pivot my entire business, this book would be thousands of pages long. So in an effort to save a few trees, I want to say thank you, to every single one of you, you know who you are. My life wouldn't be the same without your support and encouragement.

Thank you, Camilo, for becoming a part of my family, and welcoming me into yours.

Thank you to every dancer I met, and every person who hosted me in the different cities I visited, and for the many different events I attended.

To my students - past, present, and future - thank you. This journey began as a means of my seeking a better way to teach and to love. During my 90 days in Colombia, with the Colombian people, I learned more than I could have ever imagined, about what it means to be both a teacher and a student, of dance, and of life. To those students who I moved on from so early, thank you for cheering me on and still loving me when I run into you...ALWAYS GO BIGGER.

To my children, Micah and Seth, who so willingly sacrificed a bit of their own lives (90 days to be exact), and who have always trusted me wholly and fully to help them shape their lives as they've grown and matured into the creatively gifted young men they are today - thank you for allowing me to be your Mom. I will always be your biggest fan.

Now, when it comes to this book. Danielle-Thank you for your contributions to the documentary, the real story, and your vision that led to this beautiful cover. Megs Thompson, who makes the impossible possible, with enthusiasm. You're so much more than a publisher - thank you.

Check out *'Sweet Dreams & Soul Truths'* on the *Shaping a Life You Love* Podcast